500 Hidden Secrets
MÜNCHEN

EINFÜHRUNG

In diesem Buch führt Sie die Autorin Judith Lohse wie eine gute Freudin durch ihre Heimatstadt. Mit ihren Tipps möchte die Autorin Besucher und Einheimische dazu inspirieren, weniger bekannte und doch einzigartige Orte zu erforschen.

Im Vergleich zu anderen Großstädten mag München klein und überschaubar erscheinen, dennoch ist es mitunter eine Herausforderung in dieser Stadt zu leben und zu arbeiten. In diesem Reiseführer werden Sie die Orte entdecken, an denen die Einheimischen dem Trubel entfliehen, vom perfekten Restaurant für einen geselligen Abend bis hin zu Ausflugszielen für das Wochenende. Außerdem erfahren Sie sowohl ein wenig über historische Ereignisse, die diese Stadt geprägt haben, als auch darüber, was ihre Bewohner heute bewegt. Wie sieht ein typischer Tag im Leben eines Münchners aus? Wie lebt es sich in der Stadt mit Kindern? Und vor allem: Woran liegt es, dass die Münchner ihre Stadt so sehr lieben?

Über die bekannten Touristenattraktionen in München wurde bereits viel geschrieben – sie sollen nicht im Mittelpunkt dieses Buches stehen. Die hier vorgestellten Adressen und Fakten sind oft weniger bekannt; Ziel der Auswahl ist es, Ihnen zu helfen, die Stadt und ihre Bewohner aus einem anderen Blickwinkel zu betrachten. Mit diesem Buch in den Händen, sind Sie gerüstet für kleine Abenteuer und unvergessliche Abende. Ja, es gibt so etwas wie das einzigartige »München-Feeling«, und das will Ihnen die Autorin vermitteln.

ÜBER DAS BUCH

Dieser Reiseführer listet 500 wissenswerte Tipps zu München in 100 verschiedenen Kategorien auf. Bei den meisten handelt es sich um Orte, deren Besuch sich lohnt, und praktische Informationen, die Ihnen helfen sollen, sich zurechtzufinden und die Stadt und ihre Bewohner besser kennenzulernen. Dieses Buch soll inspirieren, anstatt die Stadt von A bis Z zu erfassen.

Zu jedem Eintrag sind eine Nummer, die Adresse sowie der jeweilige Stadtbezirk angegeben, damit sie die Orte auf den Karten am Anfang des Buches finden. Suchen Sie nach der Karte des entsprechenden Stadtteils und dann nach der Nummer. Wichtiger Hinweis: Diese Karten sind nicht besonders detailliert und können nur einen groben Überblick geben. Einen genaueren Stadtplan erhalten Sie bei jeder Touristeninformation oder im Hotel. Oder geben Sie die Adresse einfach in Ihr Smartphone ein.

Bitte denken Sie auch daran, dass sich eine Stadt ständig verändert, dass der hochgelobte Chefkoch vielleicht ausgerechnet bei Ihrem Besuch einen schlechten Tag hat. Oder dass ein in diesem Buch so ausgezeichnet bewertetes Hotel inzwischen unter neuem Management vielleicht seine Qualität einbüßt. Dazu ist die hier vorgestellte Auswahl eine sehr persönliche, mit der Sie nicht immer übereinstimmen werden. Wer eine Korrektur vorschlagen, eine Bar empfehlen oder seinen Lieblingsort in München verraten möchte, kann die Website *www.the500hiddensecrets.com* besuchen oder *@500hiddensecrets* bei Instagram oder Facebook folgen und dort einen Kommentar hinterlassen.

DIE AUTORIN

Judith Lohse hat ihr ganzes Leben in München verbracht. Sie ist eine begeisterte und neugierige Radlerin und eine Ihrer Lieblingsbeschäftigungen ist es, mit offenen Augen durch die Stadt zu düsen, um neue und ungewöhnliche Dinge zu entdecken. Freunde, Nachbarn und Kollegen wissen, wie sehr Sie Anekdoten und Münchner Geschichten mag. So sehr, dass sie sie aufzeichnet/niederschreibt. Mit dieser Leidenschaft hat Sie bereits das Buch *München Geheim* verfasst, das mit dem renommierten ITB-Award ausgezeichnet wurde.

Beim Erstellen der *500 Hidden Secrets* hat die Autorin viele Tipps von Freunden, Journalisten, Ladenbesitzern, Heimatforschern und Münchner Originalen bekommen. So mancher hat sie auf Ihren Entdeckungstouren begleitet und Judith möchte sich bei jedem Einzelnen dafür bedanken. Ihr besonderer Dank geht an Oliver, Jakob und Samuel. Vielen Dank auch an Simone Schirmer für Ihre wundervollen Fotos und Cornelia Lettenmayer für Ihre Hinweise zu den Texten. Danken möchte Sie außerdem dem Geheim-Club München: Anna, Birgit, Alexandra, Nikola, Maria und Sascha, Felix, Uli, Simon und Sandra, Thomas, Martin, Mubi, Bere und Andi, Sonja und Sven, Sebastian, Sascha und Kristin, Jasmin und Anne, Marion und Oliver.

Und schließlich möchte Judith dem belgischen Luster-Team mit der Redakteurin Dettie Luyten für ihre freundliche Unterstützung sowie ihre sehr professionelle Vorgehensweise während des gesamten Entstehungsprozesses dieses Buches danken.

MÜNCHEN
Überblick

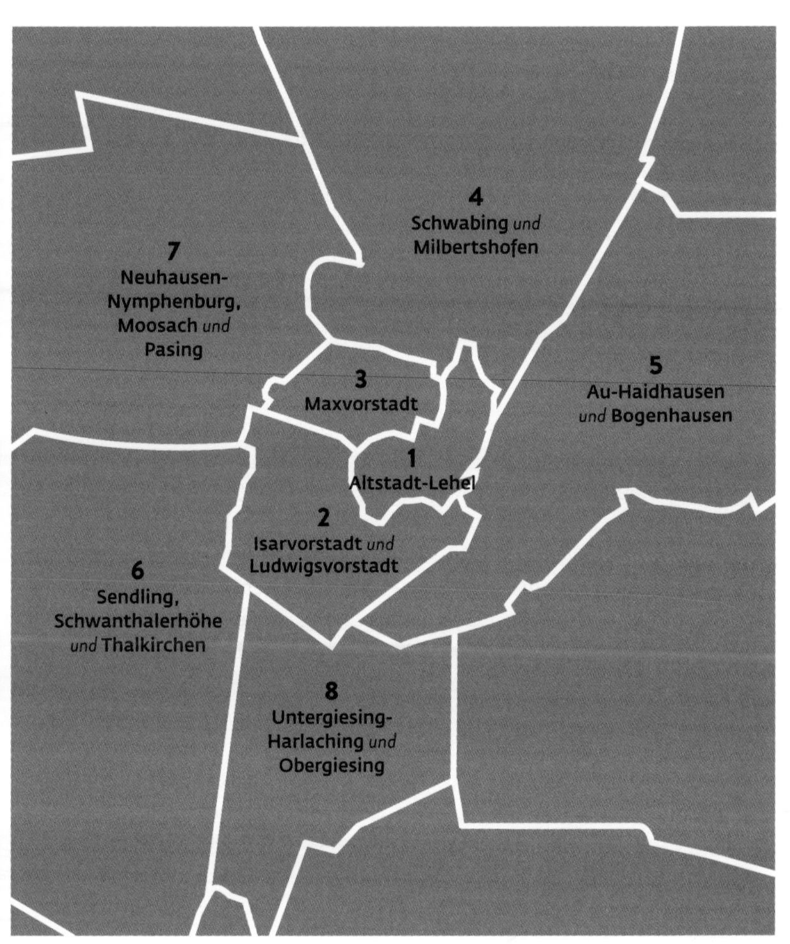

Karte 1

ALTSTADT-LEHEL

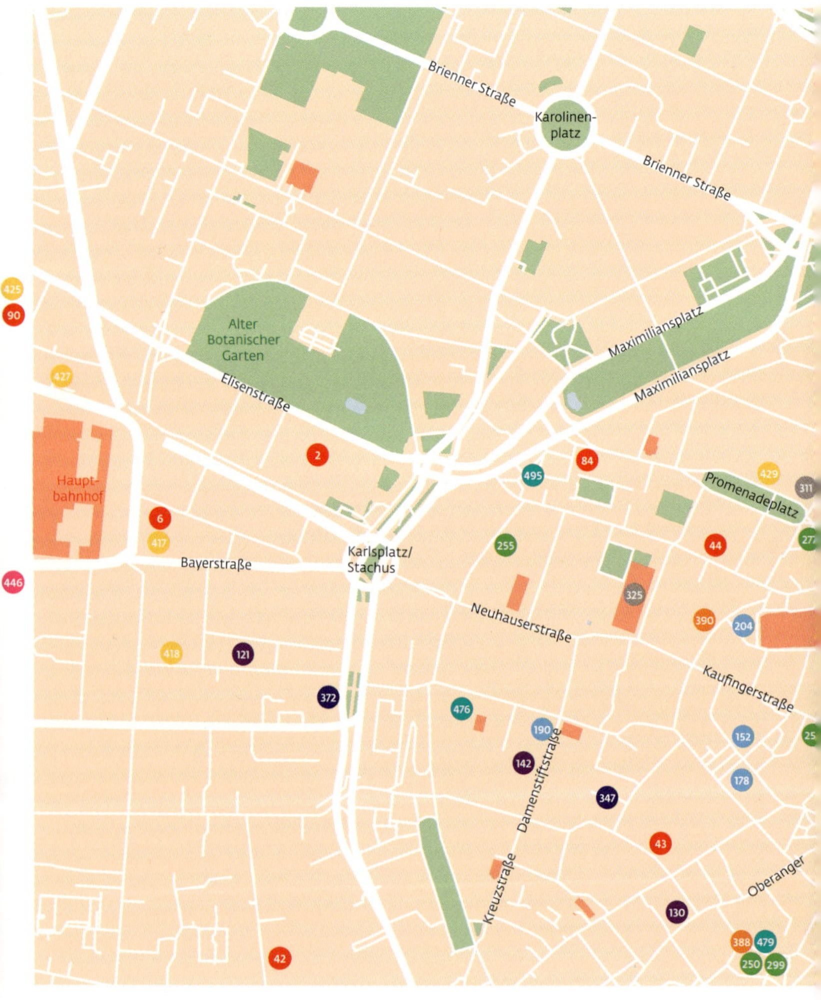

ESSEN – TRINKEN – SHOPPEN – ENTDECKEN – GEBÄUDE – KULTUR – KINDER – SCHLAFEN – WOCHENENDE – QUERBEET

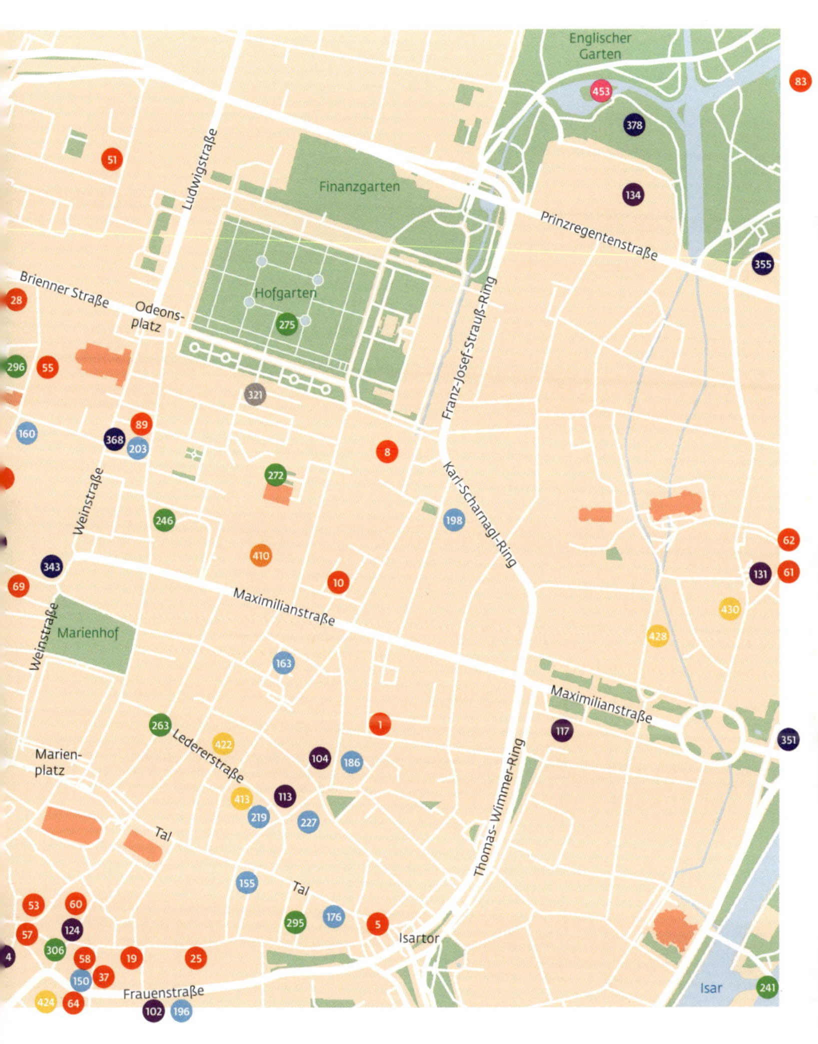

ESSEN – TRINKEN – SHOPPEN – ENTDECKEN – GEBÄUDE – KULTUR – KINDER – SCHLAFEN – WOCHENENDE – QUERBEET

Karte 2
ISARVORSTADT *und* LUDWIGSVORSTADT

ESSEN – TRINKEN – SHOPPEN – ENTDECKEN – GEBÄUDE – KULTUR – KINDER – SCHLAFEN – WOCHENENDE – QUERBEET

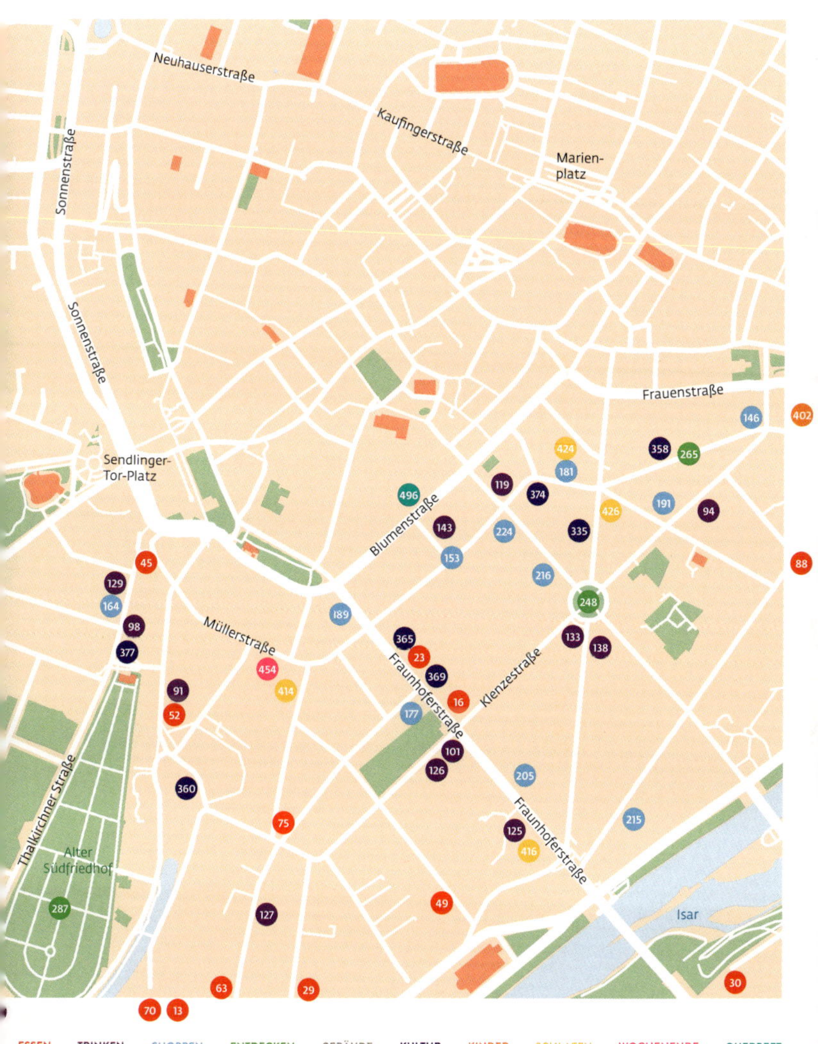
Neuhauserstraße
Kaufingerstraße
Marien-
platz
Sonnenstraße
Sonnenstraße
Frauenstraße
Sendlinger-
Tor-Platz
Blumenstraße
Müllerstraße
Fraunhoferstraße
Klenzestraße
Fraunhoferstraße
Thalkirchner Straße
Alter
Südfriedhof
Isar
ESSEN – TRINKEN – SHOPPEN – ENTDECKEN – GEBÄUDE – KULTUR – KINDER – SCHLAFEN – WOCHENENDE – QUERBEET

Karte 3

MAXVORSTADT

ESSEN – TRINKEN – SHOPPEN – ENTDECKEN – GEBÄUDE – KULTUR – KINDER – SCHLAFEN – WOCHENENDE – QUERBEET

ESSEN – TRINKEN – SHOPPEN – ENTDECKEN – GEBÄUDE – KULTUR – KINDER – SCHLAFEN – WOCHENENDE – QUERBEET

Karte 4

SCHWABING *und* MILBERTSHOFEN

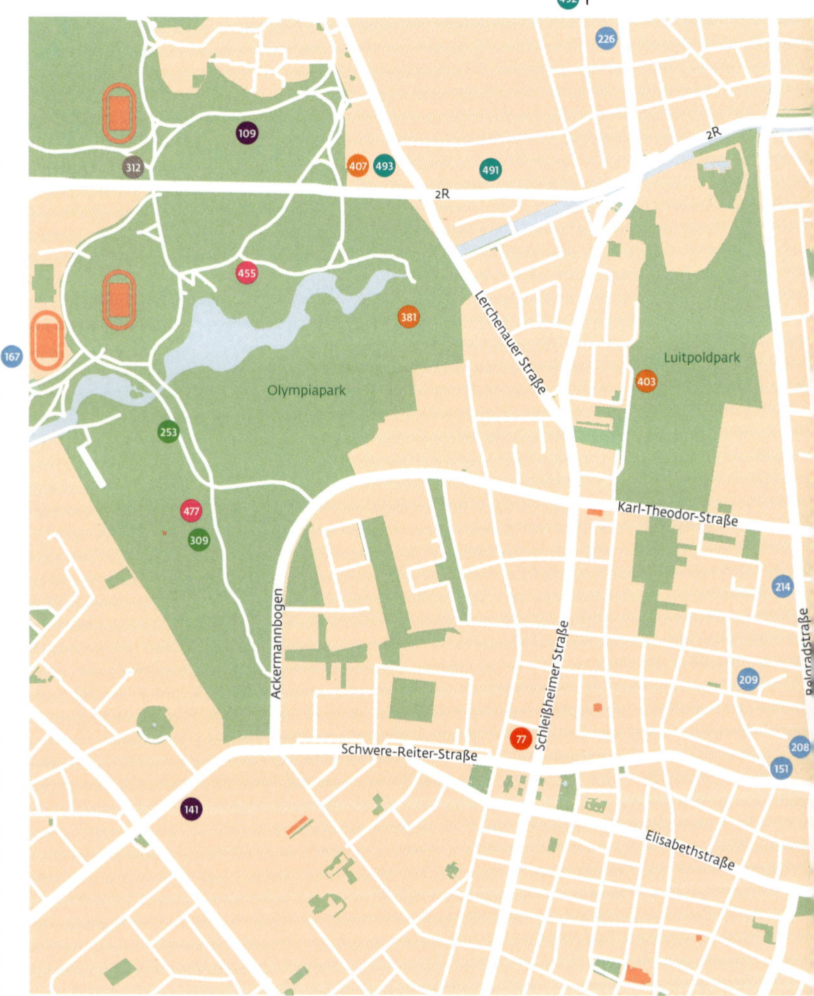

ESSEN – TRINKEN – SHOPPEN – ENTDECKEN – GEBÄUDE – KULTUR – KINDER – SCHLAFEN – WOCHENENDE – QUERBEET

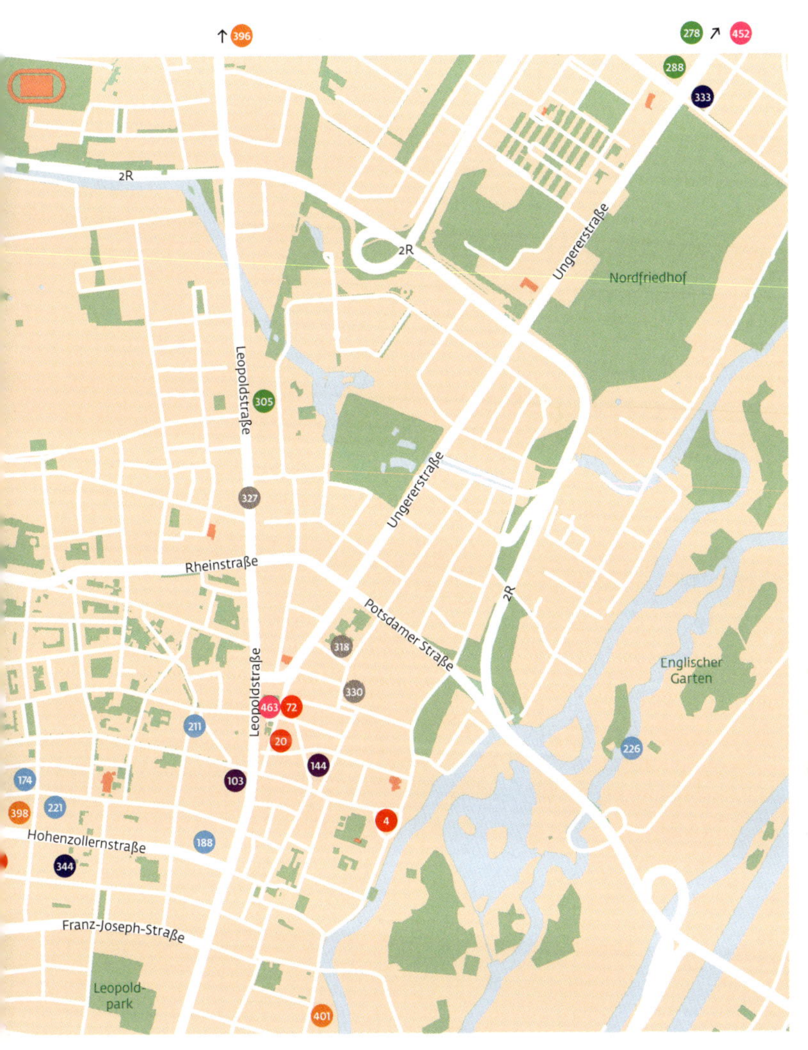

ESSEN – TRINKEN – SHOPPEN – ENTDECKEN – GEBÄUDE – KULTUR – KINDER – SCHLAFEN – WOCHENENDE – QUERBEET

Karte 5

AU-HAIDHAUSEN *und* BOGENHAUSEN

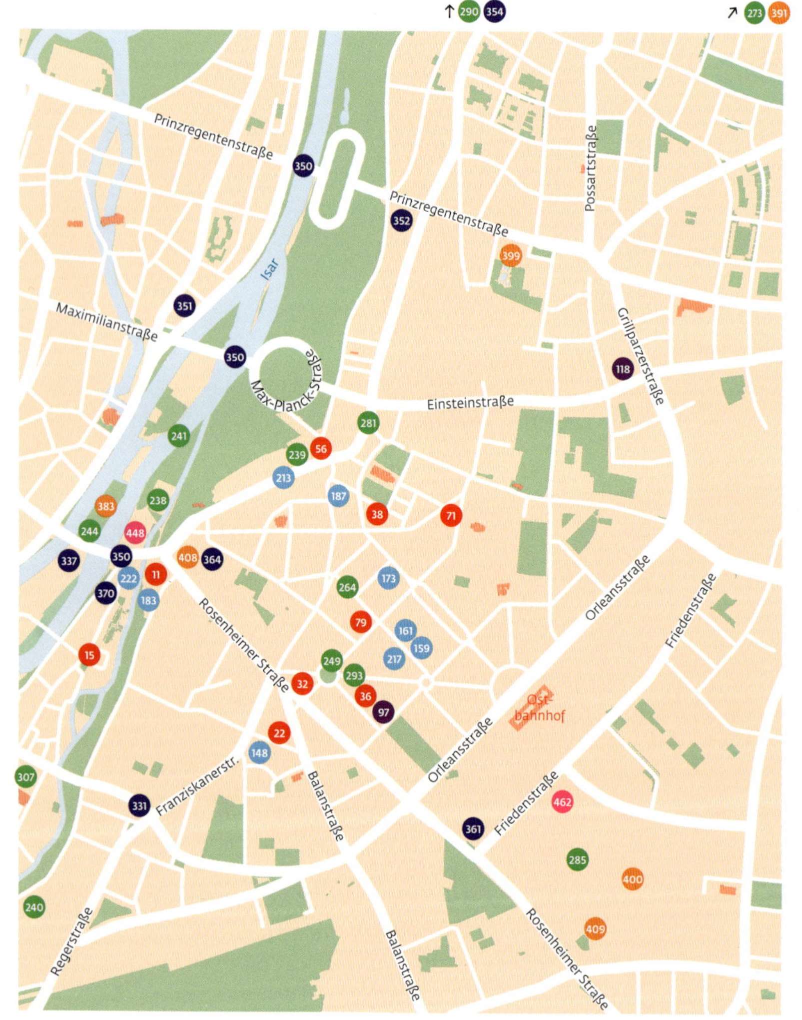

Karte 6

SENDLING, SCHWANTHALERHÖHE *und* THALKIRCHEN

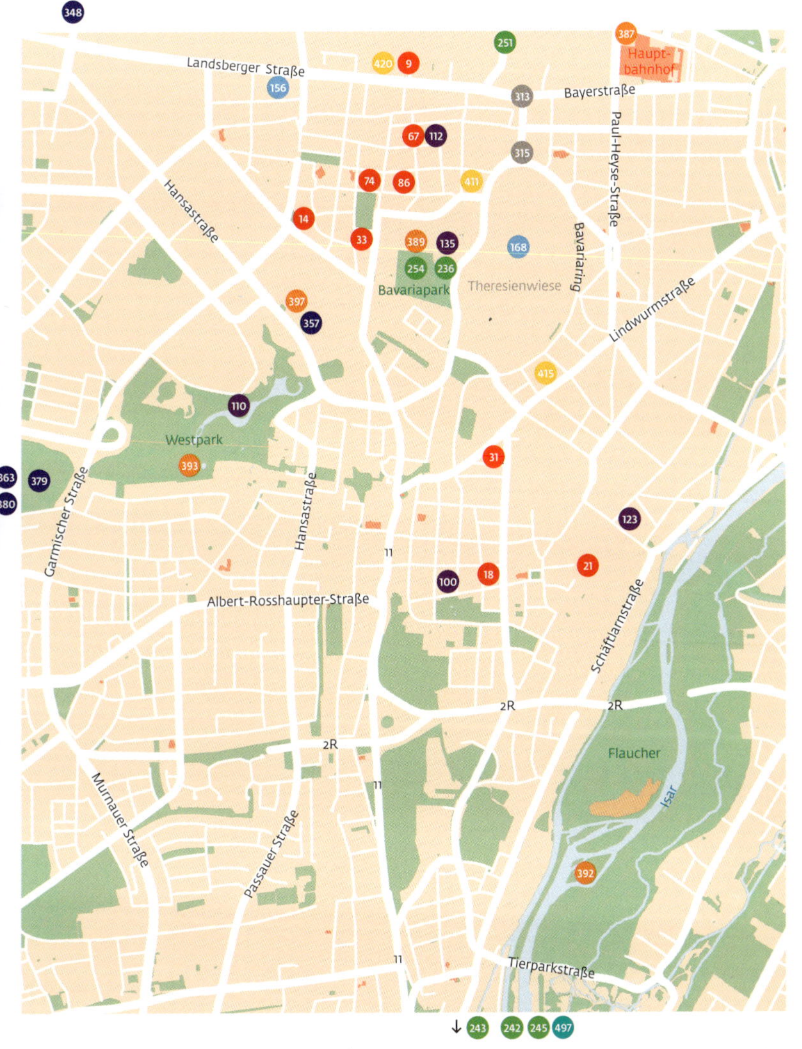

ESSEN – TRINKEN – SHOPPEN – ENTDECKEN – GEBÄUDE – KULTUR – KINDER – SCHLAFEN – WOCHENENDE – QUERBEET

Karte 7

NEUHAUSEN-NYMPHENBURG, MOOSACH *und* PASING

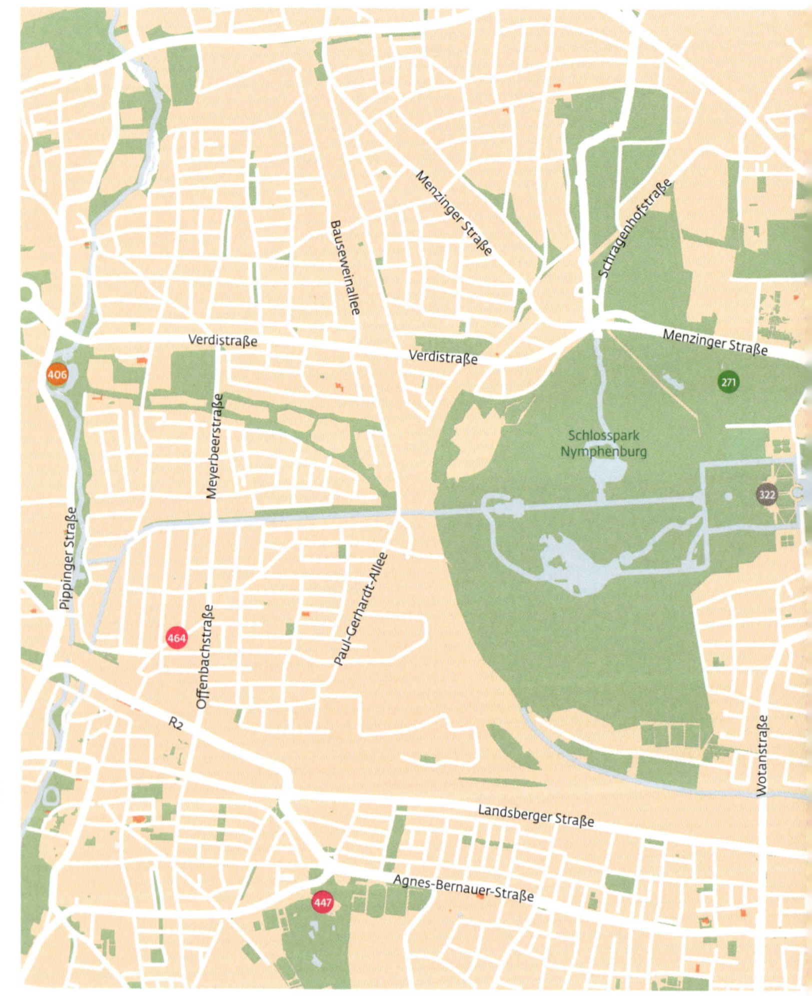

ESSEN – TRINKEN – SHOPPEN – ENTDECKEN – GEBÄUDE – KULTUR – KINDER – SCHLAFEN – WOCHENENDE – QUERBEET

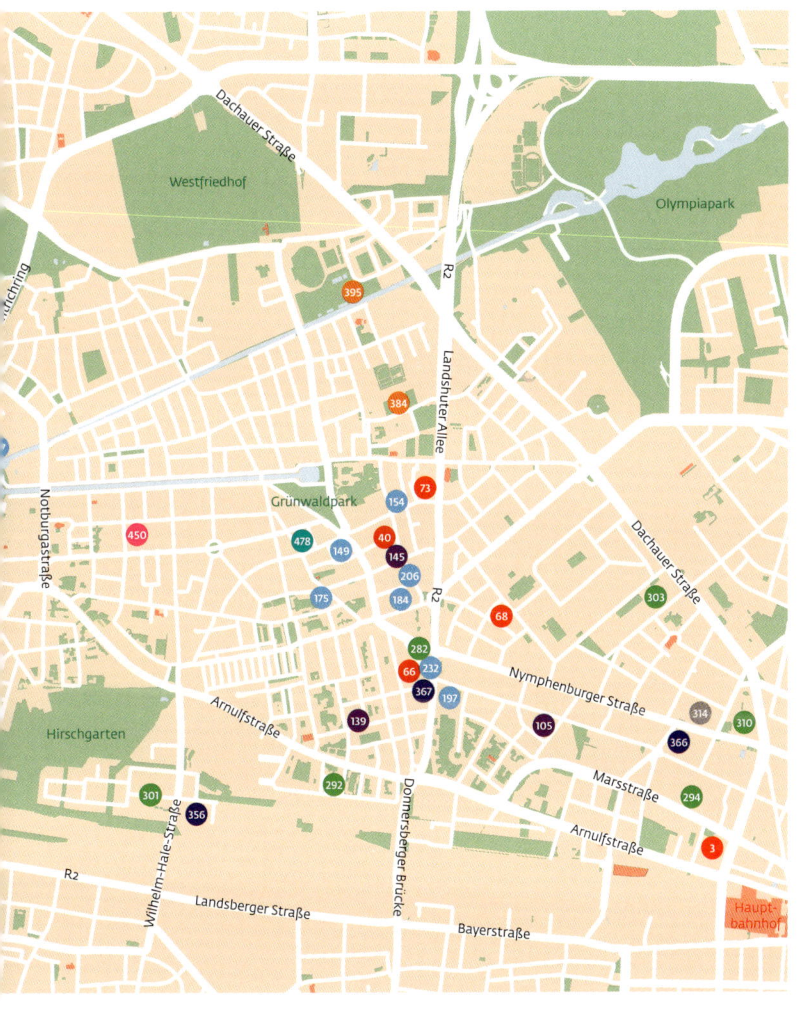

ESSEN – TRINKEN – SHOPPEN – ENTDECKEN – GEBÄUDE – KULTUR – KINDER – SCHLAFEN – WOCHENENDE – QUERBEET

Karte 8

UNTERGIESING-HARLACHING *und* OBERGIESING

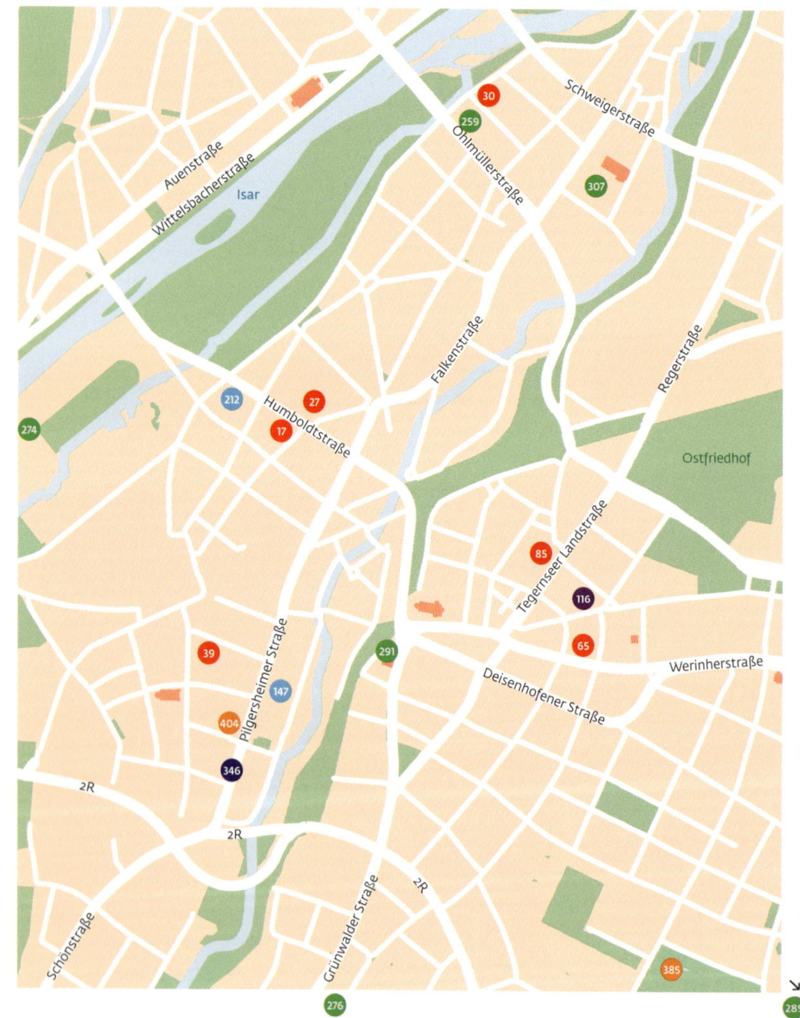

ESSEN – TRINKEN – SHOPPEN – ENTDECKEN – GEBÄUDE – KULTUR – KINDER – SCHLAFEN – WOCHENENDE – QUERBEET

1 **CONVIVA IM BLAUEN HAUS**

Herzogliches Brauhaus
Tegernsee
HTB
Herzogliches Brauhaus

90 ORTE FÜR GUTES ESSEN

5 Orte für ein MITTAGESSEN unter Einheimischen

1 **CONVIVA**
BLAUES HAUS
Hildegardstraße 1
Altstadt-Lehel ①
089 233 369 77
conviva-muenchen.de

Der hintere, mittags abgetrennte Teil des Restaurants ist gleichzeitig die Kantine der Münchner Kammerspiele, hier entspannen Schauspieler und Theatermitarbeiter in den Pausen. Die Gastronomie im »Blauen Haus« ist ein Integrationsprojekt und bietet Menschen mit Handicap einen Arbeitsplatz. Freundliche Atmosphäre, regionale Küche.

2 **KANTINE JUSTIZPALAST**
Prielmayerstraße 7
Altstadt-Lehel ①

Gleich gegenüber der Fußgängerzone am Stachus liegt das Bayerische Justizministerium. Die Kantine im neobarocken Prachtbau ist wochentags bis circa 15 Uhr geöffnet – ideal für eine kleine Pause zwischendurch.

3 **SALT**
Rundfunkplatz 4
Neuhausen-Nymphenburg ⑦
089 90 836 95
saltrestaurant.de

Das Restaurant in der Nähe des Hauptbahnhofs versorgt mittags die Angestellten der umliegenden Büros, ist aber auch abends einen Besuch wert. Es bietet ein schickes Interior, freundliche Atmosphäre, erlesene Gerichte und einen tollen Außenbereich für Sommertage. Stylische Bar.

4 BUSSIS KIOSK

Gunezrainer-
straße 6
Schwabing ④
089 242 144 44
bussis-kiosk.de

In dieser Straße scheint die Zeit stehen geblieben zu sein! Das Kiosk-Café liegt wie eine Insel im geschäftigen Treiben Schwabings und des Englischen Gartens. Sobald die Sonne herauskommt, machen es sich die Stammgäste und auch einige Schwabinger Exzentriker hier gemütlich.

5 VALENTIN-KARLSTADT-MUSÄUM

Tal 50
Altstadt-Lehel ①
089 293 762
valentin-musaeum.de

Das Valentin-Karlstadt-Musäum im südlichen Turm des mittelalterlichen Isartors ist zwei Münchner Komikern und ihrem sehr speziellen Humor gewidmet. Im winzigen Museumscafé, dem Turmstüberl unterm Dach, gibt es selbst gebackene Kuchen und typisch bayerische Brotzeiten.

5 VALENTIN-KARLSTADT-MUSÄUM

5 STYLISCHE *Restaurants*

6 **NENI**
25HOURS HOTEL
THE ROYAL BAVARIAN
Bahnhofplatz 1
Altstadt-Lehel ①
089 904 001 561
nenimuenchen.de

Das Neni München gehört zum 25hours Hotel The Royal Bavarian gegenüber vom Hauptbahnhof. Die Fusionsküche mit israelischen, rumänischen und spanischen Einflüssen serviert in stylischem Ambiente und ist bei den Münchnern sehr beliebt. Sich sein Essen im Balagan-Stil zu teilen, macht besonders viel Spaß.

7 **PAGEOU**
Kardinal-Faulhaber-Straße 10
Altstadt-Lehel ①
089 242 313 10
pageou.de

Das kleine Design-Restaurant liegt an der Rückseite der Fünf Höfe. In den schlichten, hellen Räumen oder dem schönen, grünen Innenhof können Sie die hervorragende Küche des Sternekochs Ali Güngörmüş genießen, serviert vom freundlichen und kompetenten Personal.

8 **THE SPICE BAZAAR**
Marstallplatz 3
Altstadt-Lehel ①
089 255 477 77
thespicebazaar.de

Von außen wirkt The Spice Bazaar etwas kühl, aber in den toll designten Räumen fühlt man sich sofort wohl. Die mediterran-orientalisch inspirierte Karte bietet z.B. Hauptgerichte »langsam gegart«, »kurz gegrillt« oder »roh & mariniert«. Das Fleisch und ein Großteil der Zutaten sind bio.

9 **IZAKAYA**
Landsberger Straße 68
Schwanthalerhöhe ⑥
089 122 232 000
izakaya-restaurant.com

In der offenen Küche des Restaurants kann man den Köchen beim Zubereiten der japanisch-südamerikanischen Gerichte zusehen. Bestellen Sie einfach von jedem etwas – Sushi, Fisch, Meeresfrüchte und Fleisch oder Vegetarisches – und teilen sich das Essen. Obacht vor dem riesigen Fischmobile!

10 **BRENNER**
Maximilianstraße 15
Altstadt-Lehel ①
089 452 28 80
brennergrill.de

Mitten im großzügen, gewölbten Säulensaal (Teil der ehemaligen Stallungen der Residenz) liegt der offene Grill. Die Atmosphäre lässt sich am besten als Mischung aus Palazzo und Wiener Kaffeehaus beschreiben. Hier trifft sich die Schickeria Münchens – und die weiß, wo es schön ist!

6 **NENI**

5 ×

ITALIEN IN MÜNCHEN

11 **PIZZESCO**
Rosenheimer Straße 12
Au-Haidhausen ⑤
089 679 728 12
www.pizzesco.com

Das winzige, unauffällige Lokal ist eine der besten Pizzerien der Stadt! Man kann ein Stück Pizza vom Straßenverkauf mitnehmen oder es sich an einem der Tische gemütlich machen. Zur Auswahl stehen u. a. Kamut- und Dinkelpizza, aber auch gluten- oder laktosefreie Pizza. Echt italienischer Flair!

12 **CAFE MORSO**
Nordendstraße 17
Maxvorstadt ③
0171 307 54 66
morso-cafe.de

München wird ja oft als nördlichste Stadt Italiens bezeichnet. Und für viele Münchner ist der Besuch einer echt italienischen Cafébar ein tägliches Ritual. So wie im Cafe Morso – es gibt hervorragenden *caffè*, man kann sein Italienisch für den nächsten Urlaub aufpolieren und sich ein wenig wie in *Bella Italia* fühlen ...

13 **IL PICCOLO PRINCIPE**
Kapuzinerstraße 48
Isarvorstadt ②
089 721 34 50

Im Bistro sitzt man wie in der Küche einer italienischen *mamma*. Das Essen wird frisch und mit den besten Zutaten zubereitet – und die Klassiker der italienischen Küche schmecken hier besonders gut. Unbedingt das Tiramisu probieren!

14 **TRATTORIA AL PALADINO**

Heimeranplatz 1
Schwanthalerhöhe ⑥
089 502 5657
alpaladino.de

Jede Menge Kronleuchter und eine prächtige Ausstattung: Dieses Restaurant liebt es festlich und feiert den größten Exportschlager Italiens: gutes Essen. Besondere Aufmerksamkeit wird der Zubereitung der Vorspeisen geschenkt. Für einen gemütlichen Abend zu zweit oder auch zu mehreren.

15 **RESTAURANT LA FATTORIA**

Schlotthauerstraße 16
Au-Haidhausen ⑤
089 622 314 96

Hier gibt es keine Pizza. Auf der Karte steht dafür eine kleine Auswahl an köstlichen Fisch- und Fleischgerichten. Bei der Weinauswahl kann man den Empfehlungen des Chefs vertrauen – es gibt keine Karte. Minimalistische Einrichtung. Seit Jahren treue Stammgäste.

11 PIZZESCO

5 Adressen für
FAST FOOD

16 **BERGWOLF**
Fraunhoferstraße 17
Isarvorstadt ②
089 232 598 58

Im Bergwolf treffen sich die Nachteulen des Glockenbachviertels: Unter der Woche bis 2 und am Wochenende bis 4 Uhr morgens gibt es Currywurst mit Pommes und ein Bierchen zur Stärkung zwischendurch oder vor dem Weg nach Hause. Vegetarische und vegane Optionen.

17 **TÜRKITCH**
Humboldtstraße 20
Untergiesing-Harlaching ⑧
089 890 569 63

Einen Döner kann man in München an jeder Ecke essen, aber für diesen Döner fahren die Fans extra her! Alles schmeckt einfach köstlich: Köfte im Sandwich, der Puten-Gemüse-Kebab, ein Falafel-Dürüm oder der Sucuk-Burger. Alle Zutaten sind selbst gemacht.

18 **BEIRUTBEIRUT**
Valleystraße 28
Sendling ⑥
089 520 369 16
beirutbeirut.de

Ein kleines Stück Libanon mitten in München! Dieses winzige, authentische Restaurant serviert hausgemachte Falafel und andere libanesische Spezialitäten. Angenehme, ruhige Lage. Bei schönem Wetter kann man das Sandwich in den nahe gelegenen Park mitnehmen.

19 **SABABA**

Westenrieder-straße 9
Altstadt-Lehel ①
089 232 378 81
sababa-munich.com

Der Imbiss liegt etwas versteckt am Rand des Viktualienmarkts. Hier gibt es eine große Auswahl an orientalischen Spezialitäten wie Schawarma (gewürzte Putenstreifen), Kibbeh (Bulgur-Hackfleisch-Bällchen) oder Falafel (vegane Kichererbsenbällchen), entweder mit Beilagen auf dem Teller oder günstig im Pitabrot. Lassen Sie sich nicht von der Warteschlange abschrecken. Viele treue Stammgäste!

20 **CONDESA**

Münchner Freiheit 6
Schwabing ④
0176 202 271 36
condesa-gourmet-tacos.de

Das Condesa serviert authentisches mexikanisches Streetfood – hier fühlt man sich gleich wie im Urlaub! Die frisch zubereiteten Burritos, Quesadillas und Tacos sind hervorragend. Die selbst gemachte Guacamole ist unglaublich lecker!

18 BEIRUTBEIRUT

5 *echt*
BAYERISCHE
Gaststätten

21 **GASTSTÄTTE GROSSMARKTHALLE**
Kochelseestraße 13
Sendling ⑥
089 764 531
gaststätte-grossmarkthalle.de

Die Bewirtungszeiten der Gaststätte sind der Großmarkthalle angepasst, deshalb ist hier schon um 7 Uhr morgens geöffnet und wochentags bereits am frühen Nachmittag wieder zu. Einrichtung wie auch Speisekarte sind traditionell und bodenständig. Die Fleisch- und Wurstwaren werden vom hauseigenen Metzger hergestellt, die Weißwurst gehört zu den besten in München.

22 **KLINGLWIRT**
Balanstraße 16
Au-Haidhausen ⑤
089 856 761 99
klinglwirt.de

Hier fühlt man sich sofort wohl! Besucher genießen die herzliche, gemütliche Atmosphäre und die hochwertigen traditionellen Gerichte. Die Küche verwendet nach Möglichkeit regionale Zutaten und ausschließlich Fleisch aus biologischer Haltung (Hermannsdorfer).

23 **FRAUNHOFER**
Fraunhoferstraße 9
Isarvorstadt ②
089 266 460
fraunhofertheater.de

Hier hat sich seit Jahrzehnten nicht viel verändert und deshalb ist das Fraunhofer bei den Einheimischen auch so beliebt. Die typische Wirtshauseinrichtung aus der Gründerzeit hat sich ebenso erhalten wie die Stuckdecken, Leuchter und langen Holztische, an denen man gemeinsam mit Fremden sitzt. Abends kann es voll werden, besser reservieren.

24 **GOLDMARIE**
Schmellerstraße 23
Isarvorstadt ②
089 516 692 72
goldmarie-muenchen.de

Wenn die bayerische und die österreichische Küche sich zusammentun, dann ist für jeden Geschmack etwas dabei, ob Schweinsbraten oder Tiroler Kasnocken! Im Goldmarie gibt es saisonale und klassische Gerichte aus dem Alpenraum. Setzen Sie sich in den schlichten Restaurantbereich mit den schönen Holzmöbeln und und genießen Sie das wunderbare Essen.

25 **BEIM SEDLMAYR**
Westenriederstraße 14
Altstadt-Lehel ①
089 226 219
beim-sedlmayr.de

Das Sedlmayr ist bekannt für seine hervorragende traditionelle Küche, bei der Fleischgerichte aus qualitätvollen Zutaten über Stunden schonend geschmort werden. Hier können Sie bayerische Klassiker probieren, die sonst nur noch sehr selten auf der Speisekarte stehen. Die Atmosphäre begeistert Touristen wie Einheimische.

5 wunderbare Orte für einen BESCHWINGTEN SONNTAG

26 **DIE WALDMEISTER MÜNCHEN**
Barer Straße 74
Maxvorstadt ③
089 189 469 56

Das schlichte Interior in hellen, zurückhaltenden Farben, die alten Holzmöbel und andere liebevolle Details – die Waldmeisterei ist perfekt für eine entspannte Auszeit! Neben dem tollen Frühstücksangebot gibt es auch leckere Mittagsgerichte. Auch zum Mitnehmen.

27 **MISS LILLY'S**
Oefelestraße 12
Untergiesing-Harlaching ⑧
089 550 621 95
misslillys.de

Freundlich, hell und mit einem Kamin in der Ecke, an dem man sich an kalten Tagen aufwärmen kann. Frühstück gibt es bis 17 Uhr und die hausgemachten Kuchen sind absolut fantastisch. Täglich wechselndes Mittagsmenü. Hier kann man sich gemütlich durch den Sonntag mampfen – für jeden ist etwas dabei.

28 **CAFÉ LUITPOLD**
Brienner Straße 11
Altstadt-Lehel ①
089 242 87 50
cafe-luitpold.de

Kaffeehaus mit langer Tradition und heute zudem ein exklusives Restaurant. Im Café Luitpold gibt es die feinsten Torten und Pralinen – probieren Sie auch die Spezialität des Hauses, die Luitpoldtorte. Ein kleines Museum im ersten Stock erzählt die Geschichte des Cafés.

29 DAS MARIA

Klenzestraße 97
Isarvorstadt ②
089 202 457 50
dasmaria.de

Die Gerichte im Das Maria sind überwiegend von der orientalischen Küche (und Heimat der Köchin) inspiriert. Das Frühstücksangebot ist wie eine kleine Weltreise, von der Maria auf der Alm über Maria in Kerala zu Mariam in Marrakesch und Maria im Souk! Im Viertel sehr beliebt, kein Platz für Kinderwägen, kein Wickeltisch.

30 CAFÉ HÜLLER

Eduard-Schmid-Straße 8
Au-Haidhausen ② ⑧
089 189 387 13
cafe-hueller.jimdo.com

Die Genießer pilgern wegen der ausgezeichneten Pfannkuchen ins Café Hüller. Ob mit süßer oder herzhafter Füllung – sie sind immer unglaublich lecker. Aber natürlich gibt es noch viele andere hausgemachte Gerichte auf der Speisekarte. Einladendes, ruhiges Lokal.

30 CAFÉ HÜLLER

5 Adressen für ein gemütliches FRÜHSTÜCK

31 **CAFÉ ERIKA**
Senserstraße 7
Sendling ⑥
089 452 371 38
cafe-erika.de

Mit seinen vielen Holzmöbel ist das Café Erika total gemütlich. Es gibt die üblichen (ausschließlich vegetarischen) Frühstücksklassiker, darunter Porridge und Smoothies. Leckere, selbst gebackene Kuchen (auch vegan und glutenfrei). Im Sommer Sitzplätze im Innenhof.

32 **KAFFEEKÜCHE**
Weißenburger Straße 6
Au-Haidhausen ⑤
089 461 398 47
kaffeekueche.net

Diese Wohlfühloase liegt in einer kleinen Fußgängerzone am Rosenheimer Platz. Das Personal ist freundlich, das Essen lecker und der Kaffee (und andere hausgemachte Getränke) super. Regional ist lecker! Früh hingehen (unter der Woche schon ab 7 Uhr geöffnet) und der Stadt beim Aufwachen zuschauen.

33 **CAFÉ LOHNER UND GROBITSCH**
Sandtnerstraße 5
Schwanthalerhöhe ⑥
089 693 092 50
lohnerundgrobitsch.de

Das freundliche Eckcafé war früher einmal ein Lebensmittelladen, heute gibt es hier täglich frisch zubereitete kleine Gerichte und feine Kuchen. Unprätentiöser, großartiger Ort, um in den Tag zu starten – wenn man den Weg hierher findet …

34 FRITZI MASSARY

Dachauer Straße 54
Maxvorstadt ③
089 452 052 64
fritzi-massary.com

Das Café mit Wohnzimmeratmosphäre ist nach der in den 1900er- bis 1920er-Jahren berühmten Operettensängerin benannt. Neben der kleinen Frühstückskarte ist das Fritzi Massary vor allem für seine außergewöhnlichen Sandwichkreationen bekannt.

35 GARTENSALON

Türkenstraße 90/
Amalienpassage
Maxvorstadt ③
089 287 786 04
gartensalon.net

Das Café ist von der Straße aus nicht zu sehen, denn es liegt etwas versteckt in der Passage zwischen Türken- und Amalienstraße. Im schönen Innenhof können Sie ein vegetarisches Frühstück genießen. Neben dem köstlichen Frühstücksangebot gibt es hausgemachte kleine Gerichte und eine tolle Kuchenauswahl (auch Veganes und zum Mitnehmen).

34 FRITZI MASSARY

Die 5 besten
BÄCKEREIEN

36 **OBORI**
Lothringer Straße 15
Au-Haidhausen ⑤
089 441 426 66

Diese Bäckerei verkauft französische und deutsche Konditorei- und Backwaren in bester Qualität. Der Laden ist im Viertel ungeheuer beliebt und oft sehr schnell ausverkauft. Die japanischen Besitzer kamen vor 20 Jahren nach Deutschland, um hier das Bäckerhandwerk zu lernen.

37 **KARNOLL'S BACKSTANDL**
Viktualienmarkt
Stand 6/11
Altstadt-Lehel ①
089 260 79 31
karnoll-standl.de

Brezn sind eines der wichtigsten bayerischen Grundnahrungsmittel überhaupt. Deshalb wird gerne darüber diskutiert, welcher Bäcker die besten backt. Ganz oben auf der Liste steht nach Meinung vieler Münchner Karnoll's Backstandl auf dem Viktualienmarkt. Ab 5.30 Uhr früh geöffnet.

38 **BROTMANUFAKTUR SCHMIDT**
Steinstraße 27
Au-Haidhausen ⑤
089 459 912 23
bestesbrot.de

Seit fast 150 Jahren wird diese Bäckerei von derselben Familie geführt. Neben den traditionellen Backwaren gibt es auch leckere Snacks. Unbedingt die Krapfen probieren – die schmecken nicht nur an Fasching! Mehrere Läden und Bäckerliesl-Stand 4/27 am Viktualienmarkt.

39 HARALD'S BROTLADEN

Winterstraße 15
Untergiesing ⑧
089 651 60 90

In diesem kleinen Laden gibt es Backwaren, die teils auch vor Ort hergestellt werden. Probieren Sie die Brezn oder einen Kuchen. Das Sortiment wechselt ständig, jeden Tag ist was Leckeres zum Probieren dabei!

40 NEULINGER

Volkartstraße 48
Neuhausen-Nymphenburg ⑦
089 188 714
baeckerei-neulinger.de

Wenn Sie einen traditionellen Bäcker mit einem klassischen Sortiment suchen, dann sind Sie hier richtig. Alles ist genau so, wie es die Münchner lieben: der Duft, der Geschmack, die Einrichtung ... Der Himmel auf Erden mit gutem Brot, leckeren Semmeln und feinen Kuchen ist hier – und Punkt!

36 OBORI

5 Adressen für

VEGETARISCHES & VEGANES ESSEN

41 **CAFÉ IGNAZ**
Georgenstraße 67
Maxvorstadt ③
089 271 60 93
ignaz-cafe.de

Im Café Ignaz werden seit Jahrzehnten vegane und vegetarische Gerichte und Backwaren verkauft. Die Karte ist insgesamt eher traditionell gehalten, sehr beliebt ist der Brunch am Wochenende mit einer großen Auswahl an süßen und herzhaften Speisen.

42 **MAX PETT**
Pettenkoferstraße 8
Altstadt-Lehel ①
089 558 691 19
max-pett.de

Dieses vegane Restaurant liegt sehr zentral und doch etwas versteckt. Die Gerichte sind eine vielfältige Mischung aus regionalen und asiatischen Einflüssen. Hier werden keine alkoholischen Getränke ausgeschenkt – was für ein Münchner Restaurant schon sehr ungewöhnlich ist! Schön zum Draußensitzen.

43 **PRINZ MYSHKIN**
Hackenstraße 2
Altstadt-Lehel ①
089 265 596
prinzmyshkin.com

Im eleganten Speisesaal können Sie unter hohen Gewölben allerfeinste vegetarische und vegane Küche genießen. Küche und Service tun alles, um selbst den kritischsten Vegetarier glücklich zu machen! Auf der Karte stehen auch indische und italienische Gerichte.

44 KISMET

Löwengrube 10
Altstadt-Lehel ①
089 220 352
kismet.cc

Dieses Restaurant serviert seinem jungen und hippen Publikum eine Auwahl orientalisch inspirierter Gerichte wie *mezze* oder *tajine*. Eine Treppe führt zur Bar im ersten Stock, wo man gemütlich einen Drink zum Feierabend genießen kann. Der obere Bereich mit dem Glasdach erinnert an ein Gewächshaus.

45 JACK GLOCKENBACH

Thalkirchner Straße 3
Isarvorstadt ②
089 230 736 88
jack-glockenbach.de

Streng genommen zwar kein vegetarisches, aber ein »veggiefreundliches« vietnamesisches Restaurant mit einer großen und auf der Speisekarte gut gekennzeichneten Auswahl für Vegetarier und Veganer. Die Gerichte sind superlecker und wundervoll angerichtet, die Atmosphäre entspannt. Ein hervorragender Startpunkt, um die Stadt zu erkunden.

5 *außergewöhnliche* **ASIATISCHE** *Restaurants*

46 **TENGRI TAGH UYGHUR RESTAURANT**
Häberlstraße 1
Isarvorstadt ②
089 552 716 43

In München lebt die größte uigurische Gemeinde außerhalb Chinas, ihre traditionelle Küche weist chinesische, orientalische und türkische Einflüsse auf. *Lagman*, dicke handgezogene Nudeln, werden in mehreren Gerichten auf der Karte verwendet. Vom Ambiente eher Imbiss als Restaurant.

47 **J-BAR**
Maistraße 28
Isarvorstadt ②
089 514 699 83

Die J-Bar ist wie ein *izakaya* eingerichtet, eine japanische Kneipe, wo es auch etwas zu Essen gibt. Neben den traditionellen Spezialitäten (bitte nicht nach Sushi fragen!) gibt es z. B. auch Kirin-Bier mit vereistem Schaum. Ganz besondere Atmosphäre, beliebt bei Japanern wie Einheimischen. Achtung: nur Barzahlung.

48 **SANSARO SUSHI**
Amalienstraße 89/
Amalienpassage
Maxvorstadt ③
089 288 084 42
sushiya.de

Hier gelten sehr hohe Standards, das außergewöhnliche Essenserlebnis steht im Mittelpunkt. Die japanischen Köche arbeiten mit hochwertigen Zutaten (wenn möglich bio), es gibt Sushi und Sashimi, aber auch warme Gerichte. Etwas ganz Besonderes und ein Hochgenuss!

49 **KIRSCHBLÜTE**
Ickstattstraße 26
Isarvorstadt ②
089 202 076 50

Wenn Sie einen schönen Abend in entspannter Atmosphäre genießen wollen, dann sind Sie hier richtig! In der Kirschblüte serviert man jeden Tag zwei Hauptgerichte, dazu verschiedene Vor- und Nachspeisen. Alles unglaublich charmant!

50 **GYOZA BAR**
Augustenstraße 47a
Maxvorstadt ③
089 203 466 47
gyozabar.de

Das einfache Angebot – es gibt nur Teigtaschen: japanische *gyoza* mit verschiedenen Füllungen oder *wantan* in der Suppe –, das nette Personal und das internationale Publikum machen das Essen hier rundum angenehm. Perfekt für eine kleine Stärkung, bevor man weiterzieht. Täglich geöffnet.

47 J-BAR

5 Genussorte für

KUCHENLIEBHABER

51 **KONDITOREI ERBSHÄUSER**
Glückstraße 1
Altstadt-Lehel ①
089 284 429
cafe-erbshäuser.de

Diese Konditorei ist stolz auf ihre lange Geschichte und eine Erfindung: Zu Ehren des Prinzregenten Luitpold wurde hier im Jahr 1886 die beliebte Prinzregententorte kreiert, die noch heute nach dem Originalrezept gebacken wird. Genießen Sie ein Stück im Café oder nehmen Sie sich eine ganze Torte in der schmucken Holzkiste mit nach Hause.

52 **TABULA RASA**
Holzstraße 18
Isarvorstadt ②
0151 252 589 24
cafetabularasa.de

Vielleicht sind Sie ja nur zum Frühstücken oder für die berühmte Lasagne hergekommen – probieren Sie aber trotzdem die hausgemachten Kuchen! Das kleine und gemütliche Tabula Rasa liegt mitten im trendigen Glockenbachviertel. Im Sommer kann man schön draußen auf der Terrasse sitzen – d. h., eigentlich auf dem Gehsteig unter einem großen Baum – ein wirklich wunderbarer Ort!

53 **CAFFÈ SIENA**
F.S. KUSTERMANN
Viktualienmarkt 8/
Rindermarkt 3-4
Altstadt-Lehel ①
089 237 250

Winziges italienisches Café im traditionsreichen Haushaltswarenladen Kustermann. Sie müssen eventuell ein paar Runden im Geschäft drehen, bevor etwas frei wird, aber es lohnt sich! Die Torten sind köstlich und werden stilecht von eleganten Kellnern auf dem guten Porzellan serviert.

54 **KONDITOREI KAFFEE SCHNELLER**
Amalienstraße 59
Maxvorstadt ③
089 281 124

Das altmodische kleine Café ist bei den Studenten der nahe gelegenen Universität genauso beliebt wie bei den alteingesessenen Bewohnern der Maxvorstadt. Rechts von der Theke geht es in ein Hinterzimmer, wo man gemütlich sitzen kann. Hier ist der Kuchen wichtig, nicht die Einrichtung. Alles hausgemacht.

55 **CAFÉ ARZMILLER**
Salvatorstraße 2
Altstadt-Lehel ①
089 294 273
cafe-arzmiller.de

Das Besondere und das Traditionelle gehen an diesem Ort Hand in Hand. Ältere Herren, die sich hier seit Jahrzehnten treffen, sitzen neben jungen Familien. Das Café strahlt eine etwas gehobene Atmosphäre aus. Probieren Sie den Esterhazy-Schokoguglhupf oder die Zwetschgenbavesen – ein Gedicht! Schöner, ruhiger Innenhof.

Die 5 besten Adressen für ein Essen AUF DEM MARKT

56 **FISCH HÄUSL**
WIENER MARKT
Wiener Platz 9
Au-Haidhausen ⑤

Der kleine Markt am Wiener Platz wirkt eher dörflich und bayerisch-gemütlich als großstädtisch. Die meisten Leute, die hier einkaufen, stammen aus der Nachbarschaft. Eines der kleinen Marktstandl ist das Fisch Häusl, das frischen Fisch und hervorragende Snacks verkauft.

57 **SCHLAGBAUER**
VIKTUALIENMARKT
Viktualienmarkt 15
Altstadt-Lehel ②
089 516 172 90
georg-schlagbauer.de

Seit über 700 Jahren verkaufen acht Metzger Seite an Seite in der sogenannten Metzgerzeile ihre Waren. Jede Metzgerei hat ihre eigenen Spezialitäten, probieren Sie sich durch! Eine gute Leberkassemmel gibt es beim Schlagbauer, das Fleisch ist von Tieren aus artgerechter Freilandhaltung.

58 SUPPENKÜCHE

VIKTUALIENMARKT

Viktualienmarkt/
Nähe Ida-Schuhmacher-Brunnen
Altstadt-Lehel ①
089 260 95 99
muenchner-suppenkueche.de

Vor allem an kalten und nassen Tagen wärmt eine Suppe den Bauch und die Seele. Suchen Sie sich am Viktualienmarkt Ihren Weg durch das Labyrinth der Marktstände zur Suppenküche und probieren Sie Suppen, Eintöpfe, Curry und vieles mehr. Auf der Karte stehen über 12 hausgemachte Suppen, darunter Klassiker wie die Kokos-Karotten-Ingwer-Suppe.

59 CASA SARDA

ELISABETHMARKT

Elisabethplatz 13
Schwabing ③
089 273 715 98

Verpassen Sie auf keinen Fall den Markt am Elisabethplatz! Eine wahre Perle mitten in Schwabing – hier scheint die Zeit stehen geblieben zu sein. Außer den tollen Feinkostläden gibt es einen netten Spielplatz und Sitzplätze im Schatten. Das Casa Sarda verströmt italienisches Flair und serviert leckere sardinisch-italienische Hausmannskost.

60 KLEINER OCHS'NBRATER

VIKTUALIENMARKT

Viktualienmarkt 11
Altstadt-Lehel ①
089 298 282
kleinerochsnbrater.de

Hier gibt es Semmeln mit Biofleisch vom Ochsen. Regionaler geht es kaum: Die Tiere wachsen in Karlsfeld nördlich von München auf einem Grundstück der Stadt auf. Aus dem Zapfhahn fließt naturtrübes, unfiltriertes Biobier, das man im kleinen Biergarten mitten auf dem Viktualienmarkt genießen kann.

5 *Adressen für* BIOESSEN *und* REGIONALE KÜCHE

61 **SIR TOBI**
Sternstraße 16
Altstadt-Lehel ①
089 324 948 25
sirtobi-muenchen.de

Im gemütlichen Restaurant Sir Tobi gibt es alpenländische Spezialitäten aus regionalen Zutaten. Genießen Sie die bodenständige, hervorragende Küche, die von Slow Food ausgezeichnet wurde. Sehr beliebt unter den Anwohnern.

62 **SEIDELEI**
Reitmorstraße 3
Altstadt-Lehel ①
089 255 422 20
seidelei.com

Hier können Sie saisonale, alpenländische Küche und passende Weine in entspannter Atmosphäre genießen. Die Einrichtung ist rustikal, aber modern. Der Eigentümer erläutert Wissenswertes zum Essen und hilft bei der Auswahl des Weins. Freuen Sie sich auf einen wunderbaren Abend!

63 **RUMPLER**
Baumstraße 21
Isarvorstadt ②
089 200 352 78
rumpler-augustiner.de

Ein sehr unkompiziertes Lokal, in dem man sich immer wohlfühlt, auch mit Kindern: Einrichtung ohne Schnickschnack, gedämpftes Licht, schlichte Holztische. Auf der Karte stehen regionale Produkte und Biofleisch. An warmen Tagen kann man draußen sitzen und die schöne Stimmung genießen. Barzahlung.

64 HERRMANNSDORFER AM VIKTUALIENMARKT

Frauenstraße 6
Altstadt-Lehel ①
089 263 525
herrmannsdorfer.de

Das erste Unternehmen, das in München hochwertiges Biofleisch in Bioläden und eigenen Geschäften anbot. Im Bistro am Viktualienmarkt können Sie zusehen, wie der Koch ihr Essen zubereitet. Das Warten lohnt sich, ein perfekter Ort für die Mittagspause.

65 DER DANTLER

Werinherstraße 15
Obergiesing ⑧
089 392 926 89
derdantler.de

Sie nennen sich »Bayrisch' Deli« und interpretieren die Küche der Alpenländer modern und kreativ. Nur die allerbesten, nachhaltig produzierten Zutaten, vieles ist hausgemacht. Probieren Sie die bayerische Variante der *ramen*-Suppe. Am Wochenende geschlossen.

65 DER DANTLER

5 *Restaurants mit* HERAUSRAGENDER KÜCHE

66 **BROEDING**
Schulstraße 9
Neuhausen-Nymphenburg ⑦
089 164 238
broeding.de

Das Ziel ist »Klarheit und Präzision im Restaurant, auf dem Teller und im Glas«. Das Broeding-Team bietet ein täglich wechselndes Menü mit fünf oder sechs Gängen an. Sogar die New York Times lobte das fantastische Essen und die exzellenten Weine.

67 **L'ADRESSE 37**
Tulbeckstraße 9
Schwanthalerhöhe ⑥
089 622 321 19
ladresse37.de

Dieses gemütliche und dabei elegante Restaurant serviert neu interpretierte französische Klassiker. Wenn möglich, wird in der offenen Küche mit der aromaschonenden Sous-vide-Garmethode gearbeitet. Im Sommer ist der schöne, kleine Hof für Gäste geöffnet.

68 **ZAUBERBERG**
Hedwigstraße 14
Neuhausen-Nymphenburg ⑦
089 189 991 78
restaurant-zauberberg.de

In diesem Gourmet-Restaurant serviert man hochwertige und doch unprätentiöse europäische Küche. Der perfekte Ort für einen Wohlfühlabend, an dem Sie sich bei einem Menü mit passender Weinauswahl entspannen können. Im Sommer ist es auf der grünen Terrasse schön romantisch.

69 LES DEUX

Maffeistraße 3a
Altstadt-Lehel ①
089 710 407 373
lesdeux-muc.de

Dieses Speiselokal hat zwei Bereiche: die Brasserie im Erdgeschoss und das Restaurant im ersten Stock. In der Brasserie gibt es den ganzen Tag alles, vom Frühstück bis zum Abendessen. Das mit einem Michelin-Stern ausgezeichnete Restaurant im Obergeschoss serviert exquisite Küche. Schon das Gebäude ist auf alle Fälle sehenswert – und das Essen immer ein Genuss!

70 SHANE'S RESTAURANT

HOTEL ELISABETH
Geyerstraße 52
Isarvorstadt ②
089 746 468 20
shanesrestaurant.de

Shane McMahon serviert in seinem großzügigen Restaurant im Hotel Elisabeth europäisch-asiatische Fusionsküche. Hier gibt es keine Karte! Das Personal wird Sie einfach fragen, was Sie nicht mögen und ob Sie auf etwas allergisch sind. Dann wird Ihnen ein kreatives und gleichzeitig bodenständiges Überraschungsmenü serviert. Im Sommer Barbecue auf der Terrasse.

5
KLASSIKER

71 **ZUM KLOSTER**
Preysingstraße 77
Au-Haidhausen ⑤
089 447 05 64

Diese Gaststätte liegt in einer bezaubernden Ecke von Haidhausen, die pittoresken kleinen Nachbarhäuschen erzählen von früher. Drinnen gibt es zwei einladende Sitzbereiche, draußen schweben an schönen Frühlingstagen Kirschblütenblätter auf Sie herab.

72 **CAFÉ MÜNCHNER FREIHEIT**
Münchner Freiheit 20
Schwabing ④
089 330 079 90
muenchner-freiheit.de

Ganze Generationen junger Münchner haben sich hier zum ersten Rendezvous verabredet – bis heute! Und am Tisch nebenan sitzen die älteren Herrschaften beim Kuchenessen. Schnappen Sie sich einen Stuhl und genießen Sie ein Stück Münchner Alltagsleben.

73 **RUFFINI**
Orffstraße 22–24
Neuhausen-Nymphenburg ⑦
089 161 160
ruffini.de

Das Ruffini wird seit 40 Jahren von 26 Gesellschaftern mit Konsensentscheidung geführt – einer von Ihnen serviert vielleicht gerade Ihren Kaffee! Die Karte ist eine Hommage an die Küche Italiens, die hausgemachten Kuchen so berühmt wie die sonnige Dachterrasse. Handynutzung unerwünscht. Zeitlos!

74 CAFÉ CA VA

Kazmairstraße 44
Schwanthalerhöhe ⑥
089 502 85 84
cafe-cava.de

Mit seiner Wohnzimmeratmosphäre, den dunklen Holzmöbeln und der herzhaften Küche war das Ca Va schon immer die Lieblingskneipe der jungen Leute im Westend. Hier kann man die Zeit vergessen – und sein Alter –, während man sich noch ein Bier zum Knoblauchbaguette bestellt.

75 GASTSTÄTTE FAUN

Hans-Sachs-Straße 17
Isarvorstadt ②
089 263 798
faun.mycosmos.biz

Lassen Sie sich vom Jugendstil-Ambiente nicht täuschen: das hier ist kein Platz für Schickimickis, sondern eine Gaststätte für jedermann. Wenn es voll ist, wird es drinnen laut, im Sommer dann besser draußen sitzen und bei einem Bier die Leute beobachten. Und den Schweinsbraten oder den Kaiserschmarrn probieren.

74 CAFÉ CA VA

5 Adressen für EXOTISCHE Küche

76 **SARA RESTAURANT**
Landwehrstraße 42
Ludwigsvorstadt ②
089 516 568 03

Gehen Sie ins Sara, wenn Sie die libanesische Küche lieben und Lust auf eine kulinarische Reise dorthin haben. Das Fladenbrot *nan* wird in der hauseigenen Bäckerei frisch zubereitet und dann zu Gerichten wie den gegrillten Hähnchen-, Lamm- oder Kebabspießen serviert. Ein einfaches Lokal für eine entspannte Mahlzeit.

77 **MATAJI'S KITCHEN**
Schleißheimer Straße 121
Schwabing ④
089 660 796 55
matajis-kitchen.de

Ja, es gibt gutes indisches Essen in München! Auch wenn es manchmal länger dauert, bis es auf dem Tisch steht … Aber wenn Sie ein wenig Zeit mitbringen, können Sie hier einen wundervollen und genussreichen Abend verbringen.

78 **BLUE NILE**
Viktor-Scheffel-Straße 22
Schwabing ④
089 330 399 87

Machen Sie sich darauf gefasst, mit den Händen zu essen! In diesem äthiopischen Restaurant isst man die Fleisch- und Gemüsegerichte mit Stücken von Sauerteigfladen anstatt mit Besteck. Anfangs kommt es einem komisch vor, dann fühlt es sich ganz normal an. Köstliches Essen in entspannter Atmosphäre.

79 **NANA**
Metzstraße 15
Au-Haidhausen ⑤
089 444 996 33
nana-muenchen.de

Hier gibt es *meze*, *hummus* oder *shakshouka*. Bestellen Sie sich ein Maccabi-Bier dazu und genießen Sie die kulinarische Reise durch Israel. Dieses freundliche, bunt gestrichene Lokal ist ideal für ein schönes und leckeres Mittag- oder Abendessen. Auf der Karte stehen auch einige ungewöhnliche Getränke. Sehr nette Besitzer.

80 **NASCA**
Enhuberstraße 1
Maxvorstadt ③
089 523 105 94
nasca-restaurant.com

Peruanisches Essen in einer edlen barähnlichen Atmosphäre! Starten Sie Ihren Abend mit einem *pisco sour* und wählen Sie unter den ungewöhnlichen Gerichten auf der Karte. Zum Beispiel das typisch peruanische *ceviche* (rohen, in Zitronensaft und Gewürzen marinierten Fisch). Oder die *quinoa paella* oder viele andere Köstlichkeiten.

Die 5 besten

EISDIELEN

81 **EISDIELE TRAMPOLIN**
Nordendstraße 62
Schwabing ④
0176 785 992 10
trampolin-eis.com

Stefano Santini verwendet in seiner Eisdiele Trampolin nur die allerbesten Zutaten, keinerlei Zusatzstoffe und schwört auf Biomilch. Die Sorbets schmecken besonders lecker.

82 **ADRIA**
Türkenstraße 59
Maxvorstadt ③
089 287 233 84

In München dominieren seit Jahrzehnten die italienischen Eisdielen. Dieser Laden ist besonders charmant. Holen Sie sich eine Kugel Eis und genießen Sie es im Schatten der Kastanienbäume auf der gegenüberliegenden Straßenseite.

83 **BAYERISCHE EISMANUFAKTUR**
Oettingenstraße 42a
Altstadt-Lehel ①
089 255 470 34
bayerische-eismanufaktur.de

Diese Eisdiele am Englischen Garten verwendet nur die allerbesten, regionalen Zutaten und bietet viele verschiedene Sorten an, z. B. Salzkaramell. Wenn Sie keine Lust auf Eis haben, bestellen Sie eine *granita* oder einen Cappuccino.

84 **EIS WILHELM**
Lenbachplatz 7
Altstadt-Lehel ①
089 291 610 29
herzog.bar/eis-wilhelm/

Das Eis Wilhelm gehört zum nahegelegenen Restaurant Herzog – deshalb sind die Eiskreationen oft von Drinks inspiriert. Jedes Eis wird mit einem Topping serviert, Spezialität des Hauses ist der Keksburger mit Eisfüllung. Im Herbst und Winter wird aus »Eis« dann »Heiß« und es gibt Milchreis mit leckeren Toppings.

85 **ARTEFREDDA**
Tegernseer
Landstraße 38
Obergiesing ⑧
089 649 627 05
artefredda.de

Klein, aber fein! Die Theke in der kleinen Eisdiele ist in zwei Bereiche geteilt: Links gibt es das normale Eis, auf der rechten Seite die Bioeissorten mit speziellen Zutaten, manche sind auch mit Stevia statt Zucker gesüßt. Ein Paradies für alle Naschkatzen!

85 // ARTEFREDDA

5 EMPFEHLUNGEN
von Freunden

86 **WEINWIRTSHAUS ZUM SCHÖNFÄRBER**
Kazmairstraße 28
Schwanthaler-höhe ⑥
089 209 305 69
zum-schoenfaerber.de

Der Inhaber Thomas Hertlein wird auch der Weinheilige genannt. Hier dreht sich alles um Wein – und mal nicht ums Bier –, trotzdem ist alles sehr bodenständig und Gäste werden wie Freunde behandelt. Einfache, aber gute Küche. Es gibt einen Barbereich (rot angestrichen) und einen Restaurantbereich (grün).

87 **CONTECANTINA**
Goethestraße 41
Ludwigsvorstadt ②
089 120 245 08

Das ConteCantina ist ein nettes kleines Café, das hausgemachte Kuchen und Leckereien, *pide* und belegte Brote anbietet. Abwechslungsreiche Mittagskarte. Ein angenehmes Plätzchen in der Nähe des lebhaften Hauptbahnhofs.

88 **KÖNIGSQUELLE**
Baaderplatz 2
Isarvorstadt ②
089 220 071
koenigsquelle.com

Das Restaurant wird seit 25 Jahren vom immer gleichen Team geführt. Hier wird alpenländische Küche serviert: Probieren Sie das Schnitzel! Oder fragen Sie nach der Tageskarte – Sie werden nicht enttäuscht werden. Im Sommer können Sie draußen unter den alten Bäumen sitzen.

89 STEREO CAFE

Residenzstraße 25–26
Altstadt-Lehel ①
089 242 101 43
stereo-cafe.de

Im ersten Stock des Männermodeladens Stereo Muc liegt das Stereo Cafe mit einem großen Schaufenster nach vorne und einer versteckten Dachterrasse auf der Rückseite. Es gibt hausgemachte Kuchen, täglich wechselnde Mittagsgerichte und eine große Auswahl an Aperitifs und Spirituosen.

90 CAFÉ STOCKHOLM

Lämmerstraße 6
Altstadt-Lehel ①
0151 433 512 11

Dieses Cafe ist so ganz und gar untypisch für München, dass es besonders viel Spaß macht, hier einzukehren. Die schwedisch-venezolanischen Besitzer servieren fantastische Fusionsküche, die Einrichtung erinnert an eine Strandbar – alles verströmt eine wahnsinnige, kreative Freiheit. Genießen!

90 CAFÉ STOCKHOLM

55 ORTE FÜR EINEN DRINK

Die 5 besten Adressen für ein ENTPANNTES BIER

91 **MÜNCHEN '72**
Holzstraße 16
Isarvorstadt ②
089 973 437 85
muenchen72.de

Name und Einrichtung der Bar beziehen sich auf die Olympischen Sommerspiele 1972 in München. Das Team lässt sich immer etwas Neues einfallen und die saisonale Speisekarte ist bei den Einheimischen sehr beliebt. Im Sommer können Sie draußen sitzen.

92 **SCHELLING-SALON**
Schellingstraße 54
Maxvorstadt ③
089 272 07 88
schelling-salon.de

Viele Generationen haben hier schon an den Holztischen gesessen oder Billard gespielt. Ein einzigartiges, historisches Ambiente, Geschichten, Erinnerungen … Wenn Sie mal hier waren, wissen Sie, warum viele den Schelling-Salon als ihr Wohnzimmer bezeichnen.

93 **SUBSTANZ**
Ruppertstraße 28
Isarvorstadt ②
089 721 27 49
substanz-club.de

Das Substanz hatte schon immer eine superentspannte Leben-und-Leben-lassen-Haltung. Das Erfolgsrezept: ein wenig Punk mit etwas Anarchie, dazu ein bisschen Livemusik und Subkultur. Genießen Sie das günstige Bier und das unkonventionelle Publikum, schauen Sie Fußballspiele an oder kickern selbst.

94 **KLENZE 17**
Klenzestraße 17
Isarvorstadt ②
089 255 442 77
klenze17.de

Eine nette Kneipe für ein Bierchen mit Freunden, dazu das gängige Kneipenessen: Schnitzel, Burger oder Chili con Carne. Alles so, wie es sein sollte – wie bei einem alten Kumpel, den man ab und zu sieht. Im Hinterzimmer werden Fußballspiele übertragen.

95 **TUMULT**
Blütenstraße 4
Maxvorstadt ③
089 273 724 63
tumult-in-muenchen.de

Echt? So eine Bar in dieser schicken Nachbarschaft?! Die Musikkneipe liegt im Keller, hat eine großartige Bierauswahl im Angebot, gespielt wird Punk, Ska und Rockmusik. Genau Ihr Ding? Dann werden Sie hier Spaß haben!

92 SCHELLING-SALON

5 renommierte Adressen für
WEIN

96 **GARIBALDI**
Schellingstraße 60
Maxvorstadt ③
089 272 09 06
garibaldi.de

Garibaldi verkauft ausgesuchte Weine, Spirituosen und Delikatessen, vor allem aus Italien, wo Wein zum Leben einfach dazugehört. Probieren Sie auch die italienischen *alimentari* in der Frischetheke, und wenn Sie keine Lust auf ein Glas Wein haben, bestellen Sie einen Espresso.

97 **225 LITER**
Pariser Straße 17
Au-Haidhausen ⑤
089 513 046 44
225liter.de

Die beiden Inhaber vertreten kleine und eher unbekannte Winzer, die mit großer Leidenschaft bei der Sache sind. Hier ist jeder willkommen, der Connoisseur genauso wie der Laie. Jeden Freitag gibt es zwischen 17 und 20 Uhr einen »Wein im Hinterzimmer«.

98 **DIOS MINGA**
Thalkirchner Straße 11
Isarvorstadt ②
089 216 682 72
diosminga.de

Eine Mischung aus Weinbar und kleinem Restaurant: Hier können Sie spanische, portugiesische und bayerische Spezialitäten probieren, Weine aus Spanien, Portugal, Deutschland und Österreich verkosten und einen entspannten Abend in nettem Ambiente verbringen. Auf in den Miniurlaub!

99 WEINHANDLUNG NORDENDQUELLE

Nordendstraße 54
Schwabing ④
089 271 03 50
nordendquelle.de

Die Nordendquelle im quirligen Schwabing verkauft Wein vom Fass, der für jeden Kunden vor Ort abgefüllt wird. Daneben gibt es eine ausgezeichnete Auswahl an Flaschenweinen. Die 1977 eröffnete Weinhandlung ist für Qualität und freundlichen Service bekannt.

100 SÜDHANG SENDLING

Valleystraße 42
Sendling ⑥
0178 899 94 99
suedhang-sendling.de

Es gibt in ganz München kaum einen gemütlicheren Ort, um seinen Wein zu trinken. Die Besitzer haben einen Teil ihrer Wohnung zur Weinhandlung umgebaut. Sie bieten auch koreanisches Essen wie *gimbab* (Koreas Antwort auf Sushi) oder *kimchi* an. Was für eine Mischung! Bitte beachten: Der Laden schließt um 20 Uhr.

98 DIOS MINGA

5 TEEHÄUSER zum Entspannen

101 TUSHITA TEEHAUS
Klenzestraße 53
Isarvorstadt ②
089 189 755 94
tushita.eu

Dieses Teehaus ist perfekt, um sich an einem kalten Tag mit einer Tasse Biotee aufzuwärmen und dazu ein Stück veganen Kuchen zu genießen. Der Tee wird auf traditionelle Art serviert, alles dreht sich um Achtsamkeit und das besondere Erlebnis. Täglich wechselndes veganes Menü.

102 THE VICTORIAN HOUSE
Frauenstraße 14
Altstadt-Lehel ①
089 255 469 47
victorianhouse.de

Anglophil? Sehnen Sie sich nach einem traditionellen Nachmittagstee mit Scones und *clotted cream*? Das Victorian House serviert Ihnen süße Leckereien inmitten von Antiquitäten – und Sie finden hier sicher jemanden, um über den Brexit zu diskutieren.

103 LETCHA: ORGANIC TEA ROOM
Herzogstraße 1a
Schwabing ④
0170 180 00 99
letcha.de

Bei Letcha finden Sie ein umfangreiches Sortiment an Biotees, die liebevoll und mit viel Aufwand für Sie zubereitet werden. Die Teestube ist auf Matcha-Getränke spezialisiert und serviert auch Matcha-Kuchen aus der asiatischen Patisserie. Der perfekte Ort für eine wirklich erholsame Pause!

104 THE LOUNGE

MANDARIN ORIENTAL

Neuturmstraße 1

Altstadt-Lehel ①

089 290 988 29

mandarinoriental.de

Im Fünf-Sterne-Hotel Mandarin Oriental können Sie Ihren Nachmittagstee in gehobener Atmosphäre genießen – auch wenn Sie kein Hotelgast sind. Genießen Sie das internationale Flair der Lounge und die hohe Qualität aller Speisen. Auch die Münchner kommen hierher.

105 LAIFUFU TEESALON

Maillingerstraße 14/

Eingang Blutenburgstraße

Neuhausen-Nymphenburg ⑦

089 550 699 88

laifufu.de

Neben der für München vielleicht vorzüglichsten Auswahl an Oolong-Tees finden Sie im Laifufu Teesalon auch andere sorgfältig ausgesuchte Teesorten. Die Inhaberin richtet taiwanesische Teezeremonien vergleichsweise weniger meditativ aus, im Mittelpunkt steht das Vergnügen, Tee zu trinken. Die Teezeremonien müssen im Voraus gebucht werden und finden samstags statt (oder auf Anfrage).

5 schöne Plätze zum
DRAUSSENSITZEN

106 **CAFÉ IN DER GLYPTOTHEK**
STAATLICHE ANTIKEN-SAMMLUNG
Königsplatz 1 bzw. 3
Maxvorstadt ③
antike-am-koenigsplatz.mwn.de

Die Glyptothek wird derzeit saniert und voraussichtlich im Oktober 2020 wieder eröffnet. Dann wird auch das ruhige Museumscafé mit dem schönen Innenhof wieder zugänglich sein. Bis dahin ist das Café nach gegenüber in die Antikensammlung umgezogen, auch hier kann man im Sommer im Hof sitzen.

107 **STADTCAFÉ**
Sankt-Jakobs-Platz 1
Altstadt-Lehel ①
089 266 949
stadtcafe-muenchen.de

Dieses Café gilt seit vielen Jahren als Treffpunkt der Münchner Intellektuellen. Während die meisten Touristen vorne auf dem Platz sitzen, bevorzugen die Münchner den Schatten des charmanten Innenhofes. In jedem Fall eine gute Wahl!

108 **KANTINE/KIOSK**
AKADEMIE DER BILDENDEN KÜNSTE
Akademiestraße 2–4
Maxvorstadt ③
089 552 975 15
adbk-kantine.de

Erkunden Sie die Akademie der Bildenden Künste: junge Künstler, Professoren und großartige Architektur! Und mittendrin: der öffentlich zugängliche Kiosk im Glasbau mit einer großen Außenterrasse. Selbstbedienung: Mittagsgericht, Snacks, Kuchen an der Theke. Kantine im Altbau.

109 BOB IM PARK

OLYMPIAPARK MÜNCHEN

Milbertshofen ④

089 379 614 00

bob-im-park.de

Olympisches Flair und Studentenleben. Dieses Café befindet sich auf den Tennis- und Beachvolleyballanlagen der Technischen Universität (Sie müssen kein Student sein, um hier zu spielen). Tagsüber gibt es leckere Kuchen, abends dürfen die Gäste gegen eine kleine Gebühr hier selbst grillen. Nur in den Sommermonaten!

110 CAFÉ GANS AM WASSER

MOLLSEE IM WESTPARK

Siegenburger Straße 41

Sendling ⑥

gansamwasser.de

Wie ein verzauberter Märchenpark, mit Zelten, Girlanden und Schirmen sowie Speisen und Getränken, die Sie im alten Wohnwagen bestellen können. Das Café befindet sich an einem See im Park inmitten von üppigem Grün. Kulturelle Veranstaltungen.

107 STADTCAFÉ

5 charmante
TRADITIONSCAFÉS

111 **CAFÉ KREUTZKAMM**
Maffeistraße 4
Altstadt-Lehel ①
089 293 277
kreutzkamm.de

Ein Traditionscafé mit gediegener Atmosphäre. Probieren Sie unbedingt den Baumkuchen, der sonst nur schwer zu bekommen ist. Oder den Herrenkuchen, der viele Fans hat. Es gibt sogar Online-Diskussionen darüber, wie man den Schokoladenüberzug am besten knackt.

112 **MARAIS**
Parkstraße 2
Schwanthaler-höhe ⑥
089 500 945 52
cafe-marais.de

Ein altes Textilwarenhaus wurde hier in etwas ganz Besonderes verwandelt. Das Marais ist nicht nur Café, sondern auch ein Laden, der Möbel, Schmuck, Schals, Hüte und Biokosmetik verkauft. Einige der Tische stehen in den ehemaligen Schaufenstern. Ein eher ungewöhnlicher Start in den Münchner Tag.

113 **BAR CENTRALE**
Ledererstraße 23
Altstadt-Lehel ①
089 223 762
bar-centrale.com

Italien-Fans kommen hier voll auf ihre Kosten! Sie können auch im Hinterzimmer sitzen, aber vorne ist es wie in einer Bar an einer italienischen *piazza*. Freundliches Personal, guter Cappuccino – was will man mehr?

114 CAFÉ FRISCHHUT

Prälat-Zistl-Straße 8
Altstadt-Lehel ①
089 268 237

Das sogenannte Café Schmalznudel ist bekannt für die verschiedenen Sorten von frischem, leckerem bayerischen Schmalzgebäck. Das Café ist sich treu geblieben und von den umliegenden Schickimicki-Adressen deutlich unbeeindruckt. Viele Gäste kommen seit Jahrzehnten hierher.

115 CAFÉ JASMIN

Steinheilstraße 20
Maxvorstadt ③
089 452 274 06
cafe-jasmin.com

Das alte Café Jasmin mit seinen Polstermöbeln und dem Fünfziger-Jahre-Flair wurde von einer jungen Crew übernommen. Es sieht aus wie bei Oma, aber das Publikum ist jung und das Essen zeitgemäß. Bis 1 Uhr morgens gibt es hier alles von Kuchen bis Cocktails.

112 MARAIS

Die 5

SCHÖNSTEN CAFÉS

116 **CAFÉ EDELWEISS**
Sankt-Martin-Straße 9
Obergiesing ⑧
089 547 811 61
edel-weiss.info

Ist die Einrichtung hier einfach oder einfach anspruchsvoll? Entscheiden Sie selbst! Das Café ist definitiv sehenswert, dazu gibt es ein preiswertes Mittagsgericht, sehr gute Kuchen und günstige Getränke. Der Weg nach Obergiesing rentiert sich auf jeden Fall!

117 **MAX2**
MUSEUM FÜNF KONTINENTE
Maximilianstraße 42
Altstadt-Lehel ①
089 189 269 77
cafe-max2.de

Ein Besuch im Max2 lohnt sich immer! Es befindet sich in dem beeindruckenden Gebäude des ebenfalls sehenswerten ethnologischen Museums. Unter den historischen Arkaden können Sie ein Mittagessen oder einen Aperitif genießen. Die Gerichte werden vor Ort gekocht.

118 **KAFFEERÖSTEREI VOGELMAIER**
Einsteinstraße 125
Au-Haidhausen ⑤
089 237 470 50
vogelmaier.de

Die beiden Besitzer haben ihre Leidenschaft zum Beruf gemacht, betreiben ein Café und eine Kaffeerösterei, wo sie Spezialitätenkaffees aus Fair-Trade-Bohnen anbieten. Der langsam geröstete Kaffee schmeckt in dem schönen, entspannten Café besonders gut.

119 BELLEVUE DI MONACO

Müllerstraße 2-6
Isarvorstadt ②
089 550 577 50
bellevuedimonaco.de

Die wirklich spannende Geschichte des Bellevue di Monaco ist leider zu lang, um sie hier zu erzählen. Genießen Sie den Kaffee und erfahren Sie nebenbei, wo Sie gelandet sind. Ein Stück aktuelle Zeitgeschichte mitten im Herzen der Stadt.

120 CAFÉ LOTTI

Schleißheimer Straße 13
Maxvorstadt ③
089 615 191 97
cafe-lotti.lotti-muenchen.de

So sieht es aus, wenn aus einem Mädchentraum ein Café wird: rosa Wände und Kronleuchter, eine kleine Wohlfühloase mit vielen Leckereien. Das Team will den Tag aller Cafébesucher ein wenig schöner machen – und das klappt auch! Viele schwören, dass es hier die allerbesten Pfannkuchen der Stadt gibt.

116 CAFÉ EDELWEISS

5 *fabelhafte* BARS *mit einer tollen Ausicht*

121 **KULTURDACHGARTEN**
ALPINA PARKHAUS
Adolf-Kolping-Straße 10
Altstadt-Lehel ①
kulturdachgarten.de

Die Münchner lieben Locations auf dem Dach! Dieser Dachgarten mit viel Holz, Pflanzen und gemütlichen Sitzgelegenheiten befindet sich mitten in der Stadt auf einer Parkgarage am Altstadtring. Serviert werden Bowls und Sandwiches.

122 **VORHOELZER FORUM: CAFÉ**
TU MÜNCHEN
Arcisstraße 21/Raum 5170
Maxvorstadt ③
0163 152 47 58
ar.tum.de/vf/startseite/

Puh, gar nicht so leicht zu finden, aber ein wenig Sucherei ist es wert! Am Haupteingang des Unigebäudes biegen Sie links ab und nehmen dann den Aufzug am Ende des langen Ganges. Im fünften Stock erwartet Sie das helle Café und dahinter die große Dachterrasse. Genießen Sie die fantastische Aussicht!

123 **MS UTTING**
Lagerhausstraße 5
Sendling ⑥

Ja, richtig: Das ist tatsächlich ein echtes Schiff auf der Brücke! Seit 2018 bietet die Utting einen interessanten Mix aus Kultur und gutem Essen. Jeder in München will sich das gerade ansehen, deshalb brauchen Sie ein wenig Geduld.

124 EMIKO ROOF TOP TERRACE

HOTEL LOUIS

Viktualienmarkt 6
Altstadt-Lehel ①
089 411 190 81 11
louis-hotel.com/emiko-restaurant-bar

Im Sommer öffnet das Hotel Louis seine Dachterrasse, ein stilvoller und dennoch gemütlicher Ort für einen schönen Abend mit toller Beleuchtung und hübschen Sonnenschirmen. Sie werden mit erstklassiger japanischer Küche und asiatisch inspirierten, sommerlichen Cocktails verwöhnt.

125 THE FLUSHING MEADOWS BAR

Fraunhoferstraße 32
Isarvorstadt ②
089 552 791 70
flushingmeadows hotel.com

Die Bar liegt im obersten Stockwerk des Hotels The Flushing Meadows (Hidden Secret 416). Nehmen Sie den Lift in den vierten Stock und genießen Sie die sonnige Terrasse sowie den Panoramablick (vielleicht entdecken Sie sogar die Zugspitze). Das supernette Personal serviert Aperitifs und Cocktails.

123 MS UTTING

5 coole Ausgangspunkte für eine

KNEIPENTOUR

126 **FRAU BARTELS BAR**
Klenzestraße 51
Isarvorstadt ②
089 997 305 68
fraubartels.de

Eine Bar für alle, inklusive Studenten, was für einen guten Mix an Leuten sorgt. Witzige Möbel - besonders gemütlich ist das Hinterzimmer mit der Ledercouch.

127 **COOPERATIVA**
Jahnstraße 35
Isarvorstadt ②
089 202 076 20
cooperativa.de

Ein lebendiges Nachbarschaftslokal, wo Sie auf Holzbänken mediterrane Gerichte genießen. Sehr beliebt sind die riesigen Salate. Eine Tischreservierung ist nicht möglich, die Kellner füllen freie Plätze auf - zamrutschn! -, so lernt man neue Leute kennen! Oh, und nur Bargeld. Eher ungewöhnlich für München.

128 **CAFÉ KOSMOS**
Dachauer Straße 7
Maxvorstadt ③
089 552 958 67
cafe-kosmos.de

Nach Ansicht vieler Münchner eine der besten Bars der Stadt. Wenn Sie es knallvoll und laut mögen, dann werden Sie das Kosmos lieben. Alle sind nett, man fühlt sich sofort wie zu Hause. Und die unrenovierten Räume sehen so aus, als hätten sie schon immer auf Sie gewartet. Während des Oktoberfestes ist der Eintritt in Tracht verboten.

129 SCHNELLE LIEBE

Thalkirchner Straße 12
Isarvorstadt ②
089 215 787 52

In dieser winzigen, lauten Bar trifft sich ein junges Publikum, um vor oder nach dem Clubbing einen Burger zu essen. Oder sie schauen einfach so auf ein paar Drinks vorbei. Freundliches Ambiente, gemischtes Publikum, gute Stimmung.

130 UNTER DECK

Oberanger 26
Altstadt-Lehel ①
089 242 937 11

Diese ziemlich geniale Bar liegt in einem eher sterilen Geschäftsviertel. Alles steht unter dem Motto Meer, hier ist es grooviger und rauer als in den umliegenden Locations. Von Zeit zu Zeit Live-Musik und andere Veranstaltungen.

128 CAFÉ KOSMOS

5 edle

COCKTAILBARS

131 **ROOSEVELT**
Thierschplatz 5
Altstadt-Lehel ①
089 215 783 00
roosevelt.de

Klassische Bar von nebenan mit sehr entspannter Atmosphäre. Die Betreiber sind stolz auf ihre sagenhaft gute Rum-Auswahl. Drinks und Cocktails werden mit Stil und Eleganz vom Barmann gemischt.

132 **BRUCKMANN'S BAR**
Neureuther Straße 21
Maxvorstadt ③
089 856 381 54
bruckmanns.bar

Die Bar liegt versteckt in einer ruhigen Seitenstraße. Eine gemütliche Location für einen lustigen Abend. Die Drinks sind fantastisch, dazu gibt es ein paar Snacks. Eine gute Adresse für Leute in den Dreißigern und Vierzigern, die trinken, feiern und das Nachtleben genießen wollen.

133 **SALON PITZELBERGER**
GÄRTNERPLATZTHEATER
Gärtnerplatz 3
Isarvorstadt ②
0176 251 984 65
salon-pitzelberger.de

Das Gärtnerplatztheater mit seiner kürzlich eröffneten Kellerbar liegt mitten im trendigen Glockenbachviertel. Hier mischt sich das Theaterpublikum mit Nachtschwärmern. Etwas gehobeneres Ambiente, aber trotzdem sehr gemütlich. DJ-Sets.

134 GOLDENE BAR
HAUS DER KUNST
Prinzregentenstraße 1
Altstadt-Lehel ①
089 548 047 77
goldenebar.de

Ein Besuch in der Goldenen Bar ist ein absolutes Muss! Drinnen sitzen Sie im warmen Licht zwischen Gold und Mahagoni, draußen auf der großzügigen Terrasse. So oder so zum Verlieben! Die Bar liegt im Haus der Kunst, nach 20 Uhr geht man über die Terrasse auf der Rückseite des Museums hinein.

135 KONGRESSBAR
Theresienhöhe 15
Schwanthalerhöhe ⑥
089 452 117 00
kongressbar.de

Die 1950er-Jahre sind quicklebendig! Elegante Holzverkleidungen, perfekt designte Fünfziger-Jahre-Möbel und dezente Jazzmusik im Hintergrund schaffen ein entspanntes und stilvolles Ambiente. Die Bar liegt im ehemaligen Teehaus der 1952 erbauten Kongresshalle, Teil des einstigen Messegeländes.

133 SALON PITZELBERGER

5 Bars für

MEHR ALS EINEN DRINK

136 **PIGALLE**
Thalkirchner Straße 23
Isarvorstadt ②
0172 793 06 82
pigalle-münchen.de

Ein Abend in einer ehemaligen Table-Dance-Bar. Das Interieur im Pigalle hat sich kein bisschen verändert: viel plüschroter Samt, wenig Licht und eine Stange in der verspiegelten Ecke. Eine pittoreske Kulisse, die ein junges und partyfreudiges Publikum anzieht.

137 **BAR SEHNSUCHT**
Amalienstraße 26
Maxvorstadt ③
bar-sehnsucht.de

Liebevoll dekorierte und mit großer Begeisterung geführte Biker-Bar. Auf jeden Fall einen Besuch wert. Unbedingt nachfragen, warum so viele BHs über der Bar hängen.

138 **HOLY HOME**
Reichenbachstraße 21
Isarvorstadt ②
089 201 45 46

Am Wochenende voll mit jungem Partyvolk. Wenn man früh genug dran ist, ergattert man noch einen Platz an einem der großen Holztische. Lassen Sie sich vom riesigen Kabinettschrank voller Spirituosen nicht einschüchtern und genießen Sie einen tollen Abend in der Stadt.

139 GORILLA BAR

Hirschbergstraße 23
Neuhausen-Nymphenburg ⑦
089 978 963 10
gorilla-bar.com

Bars sind in dieser Ecke der Stadt selten. Die Gorilla Bar ist supercool und witzig, das Personal macht seine Sache gelassen und gut gelaunt. Hier können Sie einen entspannten Abend in netter Atmosphäre verbringen und – wenn Sie Lust haben – die Leute auf den Nachbarstühlen kennenlernen.

140 VALENTIN STÜBERL

Dreimühlen-straße 28
Isarvorstadt ②
089 767 570 58
valentinstueberl.com

Eine Kneipe für ein oder auch mehrere Bierchen, während man den DJs zuhört. Unprätentiös, ein bisschen cool und sehr unkompliziert. Einer der Orte, in die man sich Hals über Kopf verknallen kann. Liegt nicht unbedingt auf dem Weg, lohnt sich aber in jedem Fall.

138 HOLY HOME

5 *großartige* MUSIKKNEIPEN

141 **IMPORT EXPORT**
KREATIVQUARTIER
Schwere-Reiter-Straße 2/Eingang Dachauer Straße 114
Schwabing ④
089 726 692 22
import-export.cc

Selten im gentrifizierten München, wo die Grundstückspreise explodieren und nur wenige Freiflächen existieren: Auf dem ehemaligen Kasernengelände hat sich eine alternative Kulturszene entwickelt, darunter auch das Import Export als Veranstaltungsort und Musikkneipe. Man spekuliert, dass das Kreativquartier früher oder später »entwickelt« wird: Gehen Sie auf eines der fantastischen Livekonzerte, bevor es zu spät ist.

142 **FAVORIT BAR**
Damenstiftstraße 12
Altstadt-Lehel ①
089 263 391

Diese Bar ist ein absolutes Juwel! Unspektakuläre Ladenfront mit alten Lamellenvorhängen, abgewohnte nackte Wände, keine Deko. Trendiges Publikum in allen Altersstufen. Beliebt bei Leuten aus der Münchner Kulturszene, viele kennen sich seit Jahren. Zufällig kommt man hier nicht vorbei, die Bar liegt in einer ruhigen Ecke der Altstadt.

143 **DOWNTOWN**
Theklastraße 1
Isarvorstadt ②
downtownmunich.de

Der Kellerclub spielt Rap, Rhythmus und Blues, Dancehall, Funk und Soul. Kommen Sie besser vor 2 Uhr morgens, um lange Warteschlangen zu vermeiden.

144 HELENE CLUB

Occamstraße 5
Schwabing ④
089 740 352 09
helene-liebt-dich.de

Der Club liegt in einer ehemaligen Tiefgarage unter dem laotischen Restaurant Vu Tang Kitchen Helene. Es gibt Pop- und Rockmusikklassiker auf die Ohren, bei denen nicht nur Menschen in den Zwanzigern mitsingen und sich dabei nach den guten alten Schwabinger Zeiten sehnen.

145 HIDE OUT

Volkartstraße 22
Neuhausen-Nymphenburg ⑦
089 169 668
hideout-muenchen.de

Wunderbar für einen Drink am späten Abend. Viele Live-Auftritte – unplugged Jazz und Blues. Hier können Sie die ganze Nacht durchtratschen und dabei gute Musik hören. Immer einen Besuch wert! Lassen Sie sich nicht abschrecken, auch wenn die Bar im Keller liegt.

CRUSTACEANS
POPPY
PAPAVERIS
PAPAV
THE SKELETAL SYSTEM

Wenn

90 ORTE ZUM SHOPPEN

5 großartige BLUMENLÄDEN

146 **FLEUR FATALE**
Rumfordstraße 33
Isarvorstadt ②
089 232 315 51
fleurfatale.de

Dieser elegante Blumenladen ist in mehrfacher Hinsicht ungewöhnlich: Erstens ist in dem großzügigen, luftigen Geschäft eine Vielfalt an prachtvollen Arrangements ausgestellt. Zweitens werden die traditionellen Gebinde mit außergewöhnlich fantasievollen Seidenblumen kombiniert. Und drittens: Nur die Nase kann die echten Blumen von den Nachahmungen unterscheiden.

147 **HERR WISMAYER FÜR BLUMEN**
Pilgersheimerstr. 51
Untergiesing-Harlaching ⑧
089 624 217 85
herrwismayer.weebly.com

Ein wundervoller Blumenladen. Für den Eigentümer ist der Gesamteindruck seines Geschäfts genauso wichtig wie jede einzelne Blume. Er stellt außergewöhnliche und sehr sehenswerte, saisonal wechselnde Ausstellungen zusammen.

148 **BELFLAIR**
Simon-Knoll-Platz 1
Au-Haidhausen ⑤
089 441 195 12
belflair.de

Dieser Blumenladen ist für seine raffinierte Dekoration und die hohe Qualität der Schnittblumen bekannt. Täglich frische, überwiegend fair gehandelte Ware.

149 BLUMEN ADLER

Nymphenburger-
straße 187
Neuhausen-
Nymphenburg ⑦
089 161 251
blumenadler.de

Eines der ältesten Floristikfachgeschäfte in München. Der Betrieb arbeitet mit heimischen Gärtnereien zusammen, die Pflanzen sind möglichst aus nachhaltigem und biologischem Anbau. Ein toller Laden für traditionelle wie auch moderne Blumensträuße.

150 BLÜTENREIN

Am Viktualien-
markt III/1
Altstadt-Lehel ①
089 230 767 67
bluetenrein.net

Eine grüne Oase auf dem Viktualienmarkt! Um und im Marktstand wogt ein Meer aus kleinen und großen Pflanzen. Das üppig bepflanzte Dach ist inzwischen das Aushängeschild und Markenzeichen des Blumenstandls.

150 BLÜTENREIN

Die 5 besten Adressen für ein MITBRINGSEL

151 BIERVANA

Hohenzollern-
straße 61
Schwabing ④
089 200 777 64
biervana.eu

Die meisten Besucher assoziieren München mit Bier. Für hopfige Mitbringsel sind Sie in diesem Craft-Beer-Shop genau richtig. Die neue Craft-Beer-Bewegung hat auch in Bayern für viel frischen Wind auf dem Biermarkt gesorgt.

152 DIE BONBON MANUFAKTUR MÜNCHEN

Kaufingerstraße 9
Altstadt-Lehel ①
089 255 465 55

In Münchens erster Bonbonmanufaktur kann man dabei zusehen, wie die traditionellen Zuckerln in Handarbeit hergestellt werden. An manchen Samstagen stehen um die 30 Leute vor dem Laden! Die alten Modeln werden heute nicht mehr produziert, umso glücklicher ist der Eigentümer über seine Schätze.

153 KRÄUTERPARADIES LINDIG

Blumenstraße 15
Altstadt-Lehel ②
089 265 726
phytofit.de

In diesem Laden werden seit mehr als 130 Jahren Kräuter und Naturheilmittel verkauft. Über 500 verschiedene Kräuter und Gewürze lagern in den großen Holzdosen, alle Waren sind schadstoffgeprüft. Auch eine große Auswahl an naturreinen ätherischen Ölen ist erhältlich – oder ein Kräutertee gegen Ihren Schnupfen.

154 BRAUSESCHWEIN

Frundsbergstraße 52
Neuhausen-Nymphenburg ⑦
089 139 581 12
brauseschwein.de

In diesem einzigartigen Spielzeugladen gibt es nostalgische Spielwaren, z. B. Holzspielzeug, Puppen und diverse lustige und spannende Geschenke für Kinder. Die ausgefallenen Süßigkeiten, Scherz- und Zauberartikel erinnern an die eigene Kindheit. Definitiv die beste Adresse, wenn Sie Ihren Sprößling – und sich selbst! – glücklich machen wollen.

155 SERVUS.HEIMAT

Tal 20/Eingang Radlsteg
Altstadt-Lehel ①
089 210 198 15
ervusheimat.com/im-tal-radlsteg

Dieser Laden verkauft eine tolle Auswahl liebevoll ausgewählter Mitbringsel, die alle Bayern bzw. die Berge zum Thema haben. Die nützlichen und witzigen Artikel wie Wetterhäuschen oder verrückte Kuckucksuhren gefallen auch den Einheimischen – ein Anti-Souvenir-Shop sozusagen …

152 DIE BONBON MANUFAKTUR MÜNCHEN

5 tolle Läden für
MODERNES PORZELLAN

156 **ANNIKA SCHÜLER**
Guldeinstraße 28
(Rückgebäude)
Schwanthalerhöhe ⑥
089 716 960 56
annikaschueler.de

Traditionelles Handwerk trifft modernes Design: Annika Schüler fertigt auf der Drehscheibe Unikate in wundervollen Formen. Ihr Gebrauchsporzellan verwandelt Alltägliches in etwas Besonderes. Einmalig frischer, selbstbewusster und teils frecher Umgang mit dem Althergebrachten.

157 **NYMPHENBURGER PORZELLAN**
Nördliches
Schlossrondell 8
Neuhausen-Nymphenburg ⑦
089 179 19 70
nymphenburg.com

Diese Porzellanmanufaktur ist wie eine Zeitkapsel. In einem Seitengebäude von Schloss Nymphenburg wird noch ganz traditionell gearbeitet, Wasserkraft treibt die Drehscheiben der Keramiker an, die Objekte sind alle handbemalt. Zusammenarbeit mit zeitgenössischen Künstlern aus verschiedenen Bereichen.

158 **DRIN UND DRAN**
Steinheilstraße 12
Maxvorstadt ③
089 542 442 29
drindran.de

In der ruhig gelegenen Ladenwerkstatt wird Porzellan und Schmuck gefertigt und verkauft – alles Einzelstücke. Elisabeth Klein dreht zeitlose, schlichte Objekte aus feinstem, lichtdurchlässigen englischen Porzellan. Die Designerin teilt sich den Laden mit einer Goldschmiedin.

159 **1260 GRAD PETRA FISCHER**

Sedanstraße 27
Au-Haidhausen ⑤
089 447 706 88
1260grad.de

Die Ladenwerkstatt 1260 Grad ist nach der Temperatur des Ofens während des Brennvorgangs benannt. Neben dem eigenen Steinzeug und Porzellan verkauft Petra Fischer eine wechselnde Auswahl verschiedenster Objekte für den schön gedeckten Tisch.

160 **ROSENTHAL**

Kardinal-Faulhaber-Straße 5
Altstadt-Lehel ①
089 222 617
rosenthal.de

Rosenthal produziert seit 135 Jahren in Franken Porzellan. Heutzutage arbeitet die Firma mit zeitgenössischen Künstlern zusammen, neben Porzellan umfasst das Angebot auch Möbel und Wohnaccessoires. Aktuelle Trends und ein Pop-up-Blumenladen sind im 1. Stock, das Concept Kitchen im 2. Stock zu finden.

160 ROSENTHAL

5

KURIOSE LÄDEN

161 MEDICAL ART & MORE

Sedanstraße 29
Au-Haidhausen ⑤
089 260 105 25
medicalartandmore.de

Isabel Christensen ist medizinische IIllustratorin. In ihrem Ladenatelier arbeitet sie nicht nur an Aufträgen, sondern verkauft auch Witziges, Bizarres und Hochwertiges rund um das Thema Medizin: anatomische Modelle oder verrückte Gimmicks wie Schädel-Backformen, Augapfel-Radiergummis und Gehirn-Porzellandosen.

162 ARIANE LAUE KUNSTHANDEL – RAUM FÜR OBJEKTE

Theresienstraße 33
Maxvorstadt ③
089 280 09 72
arianelaue.de

Diese Kunsthandlung hat sich auf Schätze aus dem Kunsthandwerk bis ca. 1950 spezialisiert. Die Interior Designerin Ariane Laue stellt ihre ausgewählten Stücke in effektvollen und spannenden Zusammenstellungen zur Schau.

163 ZAUBERFLÖTE

Falkenturmstraße 8
Altstadt-Lehel ①
089 225 125

Klassikfans wie Opernfreunde lieben diesen winzigen, versteckt gelegenen Laden – eine Münchner Institution! Der Besitzer hat sich auf seltene bzw. außergewöhnliche Klassikaufnahmen spezialisiert und berät Sie gerne.

164 DIE RITTER

Thalkirchner Straße 14
Isarvorstadt ②
089 260 117 41
die-ritter.de

Schwerter, Degen, Dolche, Äxte, Helme oder Kettenhemden machen diesen Laden zu einem Anziehungspunkt für Mittelalterfans. Im Sortiment sind auch viele weitere Spezialartikel wie Objekte aus Zinn, Schachspiele, Fantasiefiguren und individuell gefertigte Schmuckstücke im Mittelalterstil.

165 ARTS IN FABRICS

Fürstenstraße 6
Maxvorstadt ③
089 200 611 07
artsinfabrics.com

Dieser außergewöhnliche Stoffladen verkauft hochwertige italienische Designerstoffe, extravagante Bordüren, ausgesuchte Vorhänge, feine Seide und Kaschmir, ausgefallene Brokate und schöne Baumwollstoffe zu erschwinglichen Preisen. Alles ist picobello – ein Paradies für Stoffliebhaber!

162 ARIANE LAUE KUNSTHANDEL

Die 5 besten
FLOHMÄRKTE

166 **MIDNIGHT BAZAR**
Verschiedene Orte
info@midnightbazar.de
midnightbazar.de

Die Veranstalter organisieren mehrere verschiedene Flohmärkte, die bei den Einheimischen alle sehr beliebt sind. Da ist z. B. der sogenannte Nachtflohmarkt am Abend (inkl. Streetfoodmarkt), ein Kinderflohmarkt, die Fashion Session für Frauen oder der Munich Super Sale mit Streetfoodmarkt. Aktuelle Daten und Veranstaltungsorte auf der Website.

167 **OLYMPIAPARK FLOHMARKT PARKHARFE**
Schwabing ④
brk-muenchen.de/aktuelles/aktionen-veranstaltungen/rotkreuz-flohmaerkte/flohmarkt-olympiapark

Hunderte von Schnäppchenjägern wühlen und feilschen sich regelmäßig durch die sogenannte Parkharfe, einen Parkplatz im Olympiapark. Jeden Freitag und Samstag geöffnet, außer an Feiertagen, in den Ferien oder bei Großveranstaltungen. Einer der größten Flohmärkte der Stadt, hier verkaufen Händler und Privatleute.

168 **THERESIENWIESE FLOHMARKT**
Schwanthalerhöhe ⑥
brk-muenchen.de/aktuelles/aktionen-veranstaltungen/rotkreuz-flohmaerkte/flohmarkt-theresienwiese

Am Eröffnungssamstag des Frühlingsfestes auf der Theresienwiese findet jedes Jahr ein riesiger Flohmarkt mit 3000 Ständen und über 30 000 Besuchern statt. Offiziell öffnet der Flohmarkt um 7 Uhr, aber die »Frühaufsteher« sind schon am Abend vorher da, um die besten Standplätze bzw. die besten Schnäppchen zu ergattern. Wenn man ganz erschöpft vom vielen Schauen ist, kann man sich auf dem Frühlingsfest, dem »kleinen Oktoberfest«, erholen.

169 **HINTERHOF-FLOHMÄRKTE**
Verschiedene Stadtviertel
hofflohmaerkte.de/muenchen

Zwischen Mai und September verkaufen Stadtviertelbewohner freitags und samstags in ihren Höfen alles, was sie nicht mehr brauchen. Während der Schnäppchenjagd kann man so versteckte Höfe und Gärten entdecken. Auf der Website sind die Daten und jeweiligen Stadtviertel aufgelistet. Eine großartige und abenteuerliche Möglichkeit, München zu Fuß zu erkunden.

170 **FLOHPALAST**
Theresienstraße 81
Maxvorstadt ③
089 218 920 00
flohpalast.de

Falls gerade kein Flohmarkt stattfindet, dann gibt es noch den Flohpalast. Jeder kann sich hier einen Regalmeter mieten und etwas anbieten. Der Ladenbesitzer kümmert sich dann während der üblichen Öffnungszeiten um den Verkauf.

5
PAPETERIEN

171 **CARTA PURA**
Schellingstraße 71
Maxvorstadt ③
089 288 11 30
cartapura.de

Der Flagship-Store von Carta Pura bietet ausgesuchte Schreibwaren, Geräte für das Buchbinden und vor allem spezielle Papiere wie japanisches Papier oder Carta Varese. Fündig wird man auch, wenn man Kalender, Schachteln oder Fotoalben sucht – alles perfekt designt mit einem Hauch von Understatement.

172 **KARIN TRAXLER**
Theresienstraße 65/
Rückgebäude
Maxvorstadt ③
089 202 441 40
vierwerkstaetten.de

Die Künstlerin Karin Traxler zaubert Wunderbares aus Papier. Neben ihrer Papierkunst und den Buchbindearbeiten stellt sie runde oder eckige Boxen, Tabletts oder Schubladenschränkchen her. Ateliergemeinschaft mit mehreren Künstlern.

173 **KOKOLORES**
Wörthstraße 8
Au-Haidhausen ⑤
089 448 32 51
kokolores-muenchen.de

Ein wahres Paradies für alle Entdecker: Hier gibt es Postkarten und Schreibwaren, aber auch wunderschöne, außergewöhnliche Geschenkartikel. Für jeden Geschmack ist etwas dabei, darunter witzige Objekte wie *Vogelpfeiferl*, schöne Stempel und Daumenkinos.

174 **PS PAPIER**

Kaiserstraße 46
Schwabing ④
089 341 287

Auch hier gibt es nur das alleredelste Papier. Elegante Notizbücher, verschiedene Sorten seltener Papiere und (auch selbst designte) Postkarten. Dazu eine große Auswahl an Schreibgeräten und Stempeln. Ein außergewöhnlicher Laden.

175 **NELLYPAP**

Winthirstraße 10a/d
Neuhausen-Nymphenburg ⑦
089 189 559 77
nellypap.de

Das Herz der Eigentümerin hängt am Papier – hätten Sie's gedacht? Im Laden gibt es besondere Karten, Geschenkpapier, Schachteln, Notizbücher, Schreibwaren und viele andere schöne, hochwertige Dinge aus Papier.

171 CARTA PURA

5 Adressen für
SPIRITUOSEN

176 **MIKE'S WHISKEY-HANDEL**
Tal 42/Westenriederstraße 49
Altstadt-Lehel ①
089 296 389
mikes-whiskeyhandel.de

Durch die Verkaufsräume eines Lampenladens geht es zur Bar bzw. zum »Trainingsraum« der American Whiskey Academy e. V. Die Whiskey-Tastings unter Kronleuchtern sind legendär! Im Voraus anmelden.

177 **SZENEDRINKS & DELIKATESSEN**
Fraunhoferstraße 12
Isarvorstadt ②
089 189 853 33
szenedrinks.eu

In dem stylischen Laden gibt es eine feine Auswahl an Gin, Wodka, Schnaps und Likör und dazu alle Zutaten zum Mixen. Tolle Beratung. Tipp: Die Spirituosen von Windspiel sind hier erhältlich.

178 **VOGELWILDES MÜNCHEN**
Georg-Kronawitter-Platz 1
Altstadt-Lehel ①
089 210 221 42
vogelwildes-muc.de

Ein bunter Mix aus Silberschmuck, Spirituosen, Lederklamotten, Taschen, allerlei Geschenken und viel Außergewöhnliches mehr. Alles in einer, besonders für München, sehr ungewöhnlichen Atmosphäre – vogelwild eben!

179 COLLECTOR'S CORNER

Augustenstraße 39
Maxvorstadt ③
089 520 591 45
collectors-corner-muenchen.de

Kaufen Sie exklusiven Whisky, Rum, Gin, Wodka und Wein im denkmalgeschützten, orientalisch inspirierten Interior. 1866 wurde hier das Hauptgeschäft von Bayerns erster Tabakfirma Grathwohl eröffnet – und noch heute gibt es kubanische Zigarren zu kaufen.

180 PACHMAYR

Theresienstraße 33
Maxvorstadt ③
089 282 102
pachmayr.de

Seit über 140 Jahren ist dieser Getränkegroßhändler, einer der ältesten Deutschlands, in der geschäftigen Maxvorstadt beheimatet und bereits in der fünften Generation in Familienbesitz. Im Stammhaus wird ein riesiges Sortiment verkauft – über 2000 Getränke –, darunter auch ein eigener Gin.

176 MIKE'S WHISKEYHANDEL

5 *wundervolle*

BUCHLÄDEN

181 **SODA BOOKS**
Rumfordstraße 3
Isarvorstadt ②
089 202 453 53
sodabooks.com

Dieser Laden bietet das umfassendste Sortiment an deutschen und internationalen Magazinen und Designbüchern, dazu Magazine zum Thema Mode und Essen. Die schönen Cover werden wie Gemälde in einer Galerie präsentiert. Eine sehr inspirierende Sammlung.

182 **BUCHHANDLUNG L. WERNER**
Türkenstraße 30
Maxvorstadt ③
089 280 54 48
buchhandlung-werner.de

Die 1878 gegründete Buchhandlung gegenüber der Sammlung Brandhorst hat sich auf Architektur, Kunst und Fotografie spezialisiert. Stöbern Sie in den Regalen und schauen sich dann die aktuelle Ausstellung in der Architekturgalerie München an, die durch eine Verbindungstür zugänglich ist.

183 **BUCH PERTHEL – BUCHHANDLUNG AM GASTEIG**
Rosenheimer Straße 12
Au-Haidhausen ⑤
089 458 799 09
buchperthel.de

Ein wundervoller alter Buchladen! Klein, aber gut sortiert. Bavarica, Kinderbücher, englische Literatur, Reisebücher, Belletristik etc., dazu eine große Auswahl an Postkarten. Auf dem Cembalo im ersten Stock spielt der Eigentümer nur, wenn er alleine im Laden ist.

184 COLIBRIS

Leonrodstraße 19
Neuhausen-Nymphenburg ⑦
089 169 326
buchhandlung-colibri.buchhandlung.de

Die Literaturbuchhandlung führt Belletristik, Sachbücher, Poesie, klassische Werke, Comics, Kinderbücher sowie Reiseliteratur, Kochbücher, Audiobooks und englische Literatur. CoLibris hat zusätzlich eine CD- und Schallplattenabteilung mit Rock- und Popmusik, Jazz, Weltmusik und Klassik.

185 ANTIQUARIAT HAMMERSTEIN

Türkenstraße 37
Maxvorstadt ③
089 285 183
antiquariathammerstein.de

Dieses Antiquariat gibt es schon seit Jahrzehnten – genießen Sie die unvergleichliche Atmosphäre des Ladens! Hier liegen auch immer ein paar Ausgaben des satirischen Wochenblatts *Simplicissimus* aus, immer lohnenswert!

181 SODA BOOKS

5 Läden für
INTERIOR DESIGN

186 **SHU SHU**
Neuturmstraße 2
Altstadt-Lehel ①
089 255 490 61
shushu-munich.com

Dieser Concept-Store hat sich auf zeitgenössisches Design und Lifestyle-Artikel aus Japan spezialisiert. Der zentral gelegene Laden bietet neben schönen Wohnaccessoires, einer großen Auswahl an Geschenken, Design- und Lifestyle-Artikeln auch stylische Möbel.

187 **STEIN 11**
Steinstraße 11
Au-Haidhausen ⑤
089 269 499 63
stein11.de

Die Vollholzmöbel (u.a. Shaker) passen überraschend gut zu den modernen Regalsystemen und den hochwertigen Accessoires. Ein schicker Laden, hier stehen die Chancen gut, dass Sie ein Lieblingsmöbel für Ihr Zuhause finden!

188 **WEISSGLUT**
Hohenzollern-straße 8
Schwabing ④
089 388 693 68
weissglut-shop.de

Mit diesem liebevoll gestalteten Concept-Store hat sich das kreative Pärchen einen Traum erfüllt: sorgfältig ausgewählte Wohnaccessories, Kleinmöbeln, Damenmode, skandinavisches Möbeldesign, Naturkosmetik, Schmuck und vieles mehr. Hier (und in der Hackenstr. 1) gibt es immer Außergewöhnliches zu entdecken: einfach öfter mal reinschauen!

189 LADOUG

Müllerstraße 30/
Eingang Papa-Schmid-Straße
Isarvorstadt ②
089 242 149 90
ladoug.de

Andrea Doub importiert Wohnobjekte aus der ganzen Welt, jedes Stück ist ein Beispiel für herausragende Handwerkskunst. Ob Sie Altes oder Neues, Einzelstücke oder Industriedesign lieben: Hier finden Sie immer etwas Inspirierendes für Ihr Zuhause. Damenmode von Antonia Zander erhältlich.

190 FREIRAUM

Damenstiftstraße 4
Altstadt-Lehel ①
089 260 226 55
freiraum-muenchen.de

Das Freiraum-Team hat lange darüber nachgedacht, was gute Einrichtung ausmacht. Alle Produkte sind sorgfältig ausgewählt, die Kriterien sind: Verarbeitungsqualität, praktische Handhabung und eine zeitlose Form, die auch in zehn Jahren noch attraktiv sein wird. Toller Showroom.

187 STEIN 11

5 aufstrebende MÜNCHNER DESIGNERLABELS

191 **WE.RE**
Buttermelcher-straße 5/Eingang Klenzestraße
Isarvorstadt ②
werealabel.com

Urbaner Zeitgeist trifft auf Qualitätsmode. Katharina Weber und Theresa Reiter designen Mode für Frauen und Männer, die einen durchdachten, minimalistischen Stil lieben. Seit 2014 ist dieses Label die richtige Adresse, wenn man androgyne und tragbare, legere Eleganz bevorzugt. Das Münchner Atelier ist gleichzeitig der Verkaufsladen, so kann der Kunde die Designerinnen persönlich treffen.

192 **VOR SHOES**
vor.shoes

Das Premium-Schuhlabel VOR verkauft moderne, in Deutschland hergestellte Schuhe im Sneaker-Look in limitierter Auflage. Auf der Homepage sind alle Händler mit Schuhen dieses Labels im Sortiment aufgeführt.

193 **VATTER**

vatter-fashion.de

Gut designte Unterwäsche aus feinster Bio-Baumwolle für Frauen, Männer und Babys – alles nachhaltig produziert. Die Münchner Marke findet, dass sich »bio« und »sexy« nicht ausschließen müssen und im Online-Shop kann man sich ansehen, wie das zusammengeht. Adressen von Münchner Einzelhändlern mit Vatter-Wäsche im Sortiment auf der Homepage.

194 **A KIND OF GUISE**

Adalbertstraße 41b
Maxvorstadt ③
089 726 695 11
akindofguise.de/stores/

Diesen schönen und gemütlichen Laden übersieht man schnell. In ihm beheimatet ist das Modelabel gleichen Namens, das für zeitlose, funktionale und gleichzeitig witzige Streetwear steht und sich zu einer international anerkannten Marke entwickelt hat. Die sehr tragbare und hochwertige Mode wird in Deutschland hergestellt.

195 **ME&MAY BOUTIQUE**

Amalienstraße 55
Maxvorstadt ③
089 954 452 99
meandmay.de

Man mische französischen Charme mit deutscher Gründlichkeit und einer Prise schlichter Eleganz und heraus kommt: Me&May! Hier in der Boutique wird die aktuelle Kollektion des Modelabels verkauft. Außerdem gibt es passende Accessoires, kleine Geschenke und hochwertige Taschen, Geldbörsen, Gürtel, Schmuck und Schuhe von diversen anderen Marken aus München.

Die 5 besten Läden für
SECONDHAND-KLEIDUNG

196 **VINTAGE LOVE**
Frauenstraße 22
Altstadt-Lehel ①
089 255 422 07
vintageandmore.de

Vintage Love hat eine schöne Auswahl an Ballroben, Abend- und Cocktailkleidern sowie Taschen, Schuhen und Gürteln zu bieten. Hier kann man in die Welt der Mode eintauchen und sich vom Glamour der Fünfziger-, Sechziger- und Siebzigerjahre verzaubern lassen. Sie werden wie ein Filmstar aussehen – zu bezahlbaren Preisen!

197 **KLEIDSAM DIAKONIA**
Blutenburgstraße 65
Neuhausen-Nymphenburg ⑦
089 121 595 27
diakonia-kleidsam.de

Hier gibt es schicke Secondhandgarderobe, darunter hochwertige Business- und Abendkleidung sowie exklusive Designermode (im Gartenhaus im Innenhof). Ebenfalls im Sortiment sind passende Accessoires wie Schuhe, Taschen und Schmuck. Die karitative Einrichtung beschäftigt und integriert Arbeitnehmer, die auf dem freien Arbeitsmarkt keine Chance hätten.

198 **FIRST-CLASS SECOND HAND**

Wurzerstraße 10
Altstadt-Lehel ①
089 291 601 70
designersecondhand-muenchen.de

Von Streetstyle bis elegant, von Vintage bis Avantgarde, von Konfektionskleidung bis Haute Couture: Hier finden Sie aktuelle Neuware und exklusive Secondhand-Designermode, ausgewählte Kollektionsstücke und einzigartige Vintageschätze von weltberühmten Modedesignern. Auch Schuhe und Accessoires.

199 **FREIE SELBSTHILFE**

Theresienstraße 66
Maxvorstadt ③
089 282 715

Deutschlands ältester Secondhandladen liegt etwas versteckt zwischen Büros in einem Hinterhof. 26 lebhafte Damen halten den Laden ehrenamtlich am Laufen und verkaufen alles Mögliche: Porzellan, Gemälde, Kleidung. Die Kundschaft reicht vom Witwer, der eine Kleiderberatung braucht, bis hin zu Studenten der nahe gelegenen Universität, die sich mit Geschirr eindecken.

200 **IKI M.**

Adalbertstraße 45/
Eingang Barerstraße
Maxvorstadt ③
089 954 938 25
iki-m.de

»Vive la biohème« ist das Motto dieses winzigen Ladens mit dem tollen Mix aus aktueller Biomode und Vintagestücken. In den ausgewählten umweltfreundlichen Fair-Trade-Produkten sollen moderne Ideen, ideelle Werte und tolles Design miteinander verschmelzen.

5 der besten Modeläden für
HERREN

201 **THE SECOND GERDISMANN**
Barerstraße 74
Maxvorstadt ③
089 809 932 40
thesecond-gerdismann.de

Hier finden Sie Secondhandkleidung, -schuhe und Accessoires von namhaften Designern. Alles, was ein gut gekleideter Mann so braucht – ohne sich beim Kauf gleich zu ruinieren. Aber geben Sie nicht alles gleich hier aus, wie haben noch andere schöne Läden in der Auswahl!

202 **HANNES ROETHER**
Türkenstraße 94
Maxvorstadt ③
089 189 221 15
hannesroether.de

2005 hat Hannes Roether sein eigenes Männermodelabel mit dem Motto Kleider machen, nicht Mode, gegründet. Für Menschen, die einen zeitlosen und lässigen Look lieben. Es gibt auch eine Damenkollektion. Definitiv einen Besuch wert! (Zweiter Laden: Reichenbachstr. 40)

203 **STEREO MUC**
Residenzstraße 25
Altstadt-Lehel ①
089 242 039 54
stereo-muc.de

Der coole Laden liegt mitten im Stadtzentrum, die üblichen Flagshipstores ganz in der Nähe. Hier gibt es hochwertige Sportswear, Konfektionskleidung, Accessoires und Pflegeprodukte. Für Männer, die sich anders als der Mainstream kleiden und keinen Trends nachjagen wollen.

204 HIRMER

Kaufingerstraße 28
Altstadt-Lehel ①
089 236 830
hirmer.de

Auf den ersten Blick ist Hirmer ein klassischer Herrenausstatter, bietet aber bei genauem Hinsehen auch viel Kreatives und Modernes. Der Familienbetrieb ist der Münchner Platzhirsch unter den Herrenmodehäusern. Hippe Marken und klassische Anzüge. Die Fachverkäufer erkennen mit einem Blick Ihre Kleidergröße.

205 RALF'S FINE GARMENTS

Fraunhoferstraße 29
Isarvorstadt ②
089 189 527 95
ralfsfinegarments.com

Der Ladenbesitzer bietet schöne und rare Dinge. Da Ralf Fischer viele Hersteller persönlich kennt, kann er ein so außergewöhnliches (und limitiertes) Sortiment zusammenstellen. Ein Laden für stylische Individualisten.

5 schicke Modeläden für DAMEN

206 **ALPENRAUM**
Frundsbergstraße 17
Neuhausen-Nymphenburg ⑦
089 120 031 66
alpenraum-muenchen.de

Ein Laden mit großartigem Konzept: Kaffee und Mode! Machen Sie an der stylischen Bar am Eingang einen kleinen Espresso-Stopp, bevor Sie im Sortiment mit italienischer, französischer und skandinavischer Mode stöbern. Auch Basics und ausgewählte Accessoires.

207 **BEAN STORE**
Theresienstraße 25
Maxvorstadt ③
089 461 334 89
bean-store.de

Schöne Mode für coole Frauen. Hier bekommen Sie zeitlose Mode mit Stil, die Ihre Persönlichkeit perfekt unterstreicht. Shopping ist hier ein Erlebnis: Lassen Sie sich vom kundigen Personal und der einzigartigen Markenauswahl begeistern.

208 **WILD MUNICH**
Belgradstraße 5
Schwabing ④
089 462 241 06
wild-munich.com

Trendige Looks, Topdesigner und -marken. Kleidung für alle Lebenslagen, von lässig und dezent bis hin zu opulent – aber niemals mainstreamig! Auch Schuhe, Taschen, Schals und Wohndüfte. Ein Hotspot für Fashionistas, Trendsetter und vor allem Frauen, die Ihre Persönlichkeit mit Mode ausdrücken.

209 LIEBSCHAFTEN

Herzogstraße 84
Schwabing ④
089 550 657 40
liebschaften-laden.de

Geschmackvoll ausgewählte Mode. Der Stil ist feminin und elegant, aber auch Lässiges und Sportswear sind im Sortiment. Hier finden Sie ein breites Angebot an neuen Trends für jeden Anlass, mit einem Schwerpunkt auf nachhaltig und fair produzierter Kleidung.

210 NIA. PRÊT-À-PORTER

Türkenstraße 35
Maxvorstadt ③
089 286 739 50
nia-carrousel.de

Große Auswahl trendiger skandinavischer und französischer Marken. Femininer Stil mit verspielten Röcken, hübschen Kleidern, Accessoires und vielem mehr. Für jede Jahreszeit ein toller Look. (Nia.Bazar mit Schuhen in Hausnummer 48)

5

CONCEPT-STORES

211 **DK STIL**
Siegfriedstraße 11
Schwabing ④
0177 299 90 43
dk-stil.de

DK Stil steht für ein liebevoll zusammengestelltes Sortiment mit Schmuck, Accessoires und Kaschmir aus fernen Ländern sowie besonderen Labels aus München. Außergewöhnliche, aber dennoch tragbare Mode. Qualität spielt eine große Rolle.

212 **KARUSA**
Humboldtstraße 6
Untergiesing ⑧
089 614 664 24
karusa.de

Hier kann man Handgemachtes, Geschenke und jede Menge Schnick-Schnack erstehen. Der Laden verkauft selbst gemachte Unikate, Produkte von Münchner Labels und Secondhandmode für Frauen und Kinder.

213 **HIER STUDIO**
Innere Wiener Straße 24
Au-Haidhausen ⑤
hier.studio

Alles, was HIER anbietet, wurde in München designt, einiges davon auch in der Stadt produziert. Tolle Auswahl von Schreibwaren über Mode zu Kosmetik und Homeware. Ein absoluter Eyecatcher ist auch die Innenausstattung des Ladens selbst.

214 GALORE

Belgradstraße 47
Schwabing ④
089 973 911 36
storegalore.de

Dieser Laden steckt voller Überraschungen! Verkauft werden Naturkosmetik, Haushaltswaren und Dekoartikel, Rucksäcke, Sonnenbrillen und digitales Zubehör. Man kann aber auch im Café abhängen oder co-worken. Am »Community Table« werden Events organisiert wie z. B. der Barista Basics-Workshop oder der Welcome Brunch.

215 ABOUT GIVEN

Baaderstraße 55
Isarvorstadt ②
089 189 128 25
aboutgiven.de

Schöne Auswahl an ökologischer und fair produzierter Mode für Erwachsene und Kinder bis sieben Jahre. Sehr frisch, sehr modern, kompetente Beratung. Verschiedene Denim-Marken, Accessoires, Schmuck, Taschen und Schuhe. Viele der Produkte sind vegan.

215 ABOUT GIVEN

5 Läden für modernen DESIGNERSCHMUCK

216 **COCII**
Corneliusstraße 12
Isarvorstadt ②
0177 491 11 14
cocii.de

Cocii ist das Label der Schmuckdesignerin Claudia Lassner, die hier ihren Schmuck verkauft und vor Ort produziert– gemeinsam mit der Designerin Kathrin Heubeck und ihren fabelhaften Taschen. Sie produziert traditionelle und gleichzeitig zeitlose Stücke. Einzigartiger und gleichzeitig erschwinglicher Schmuck.

217 **ANNE VON WAECHTER**
Sedanstraße 24
Au-Haidhausen ⑤
089 489 19 99
annevonwaechter.de

Hier gibt es ausschließlich Unikate, denn die Schmuckdesignerin kombiniert alte und neue Materialien mit einzigartigen und kostbaren Stücken, z.B. wiederverwendete Seide, Kameen oder Korallen mit Silber und Gold oder Perlen kombiniert. Alles sieht ganz bezaubernd aus, ohne im Geringsten altmodisch zu wirken.

218 **SCHLEGELSCHMUCK**
Nordendstraße 7a/
Ecke Adalbertstraße
Maxvorstadt ③
089 271 00 71
schlegelschmuck.de

Der schlichte, helle Laden setzt den modernen, künstlerischen Schmuck der Designerin Katja Schlegel in Szene. Kräftige Farben und klaren Formen dominieren, beliebt sind vor allem die bunten Anhänger. Inspiration findet die Designerin in Musik, Theater und Kunst.

219 **PATRIK MUFF**

Ledererstraße 10
Altstadt-Lehel ①
089 123 70 40
patrikmuff.com

Ein Hauch von Prunk und Punk. Den zeitgenössischen Entwürfen des Künstlers und Goldschmieds Patrik Muff sieht man seine Liebe zum Handwerk wie auch zu barocker Ornamentik an. Studio Muff hat bereits mit Jenny Holzer, Strellson, Nymphenburger Porzellan oder Birkenstock zusammengearbeitet.

220 **CHRISTIANE OEXL**

Türkenstraße 78/
Rückgebäude
Maxvorstadt ③
089 280 02 47
christianeoexl.com

Ein außergewöhnlicher Ort für ein außergewöhnliches Geschäft. Das Atelier der sympathischen Goldschmiedin ist über eine Treppe am Ende des Hofes erreichbar. Auch die Nachbarn schauen gerne vorbei und suchen sich einen Ring oder ein anderes Schmuckstück aus.

216 COCII

5
MÜNCHNER DESIGNER
im Rampenlicht

221 **INGO MAURER**
Kaiserstraße 47
Schwabing ④
089 381 606 91
ingo-maurer.com

Das Atelier des Lichtdesigners Ingo Maurer liegt im Herzen von Schwabing. Im riesigen, 700 m² großen Showroom sind über 100 Leuchtobjekte, Prototypen und Einzelstücke ausgestellt. Hier bekommen Sie spannende Einblicke in den Entstehungsprozess einer Designerlampe. Definitiv einen Besuch wert!

222 **ANTON DOLL HOLZMANUFAKTUR**
Lilienstraße 3–5
Au-Haidhausen ⑤
089 416 163 66
antondoll.de

Diese Möbel werden Ihnen ein Leben lang Freude bereiten. Im Laden der Designmanufaktur können Sie viele der Tische, Hocker und anderer Massivholzmöbel einem Praxistest unterziehen. Hier finden Sie auch Neuheiten und Prototypen sowie schöne Wohnaccessoires.

223 **MAGAZIN**
5 Höfe/Kardinal-Faulhaber-Straße 11
Altstadt-Lehel ①
089 238 880 31
magazin.com

Ausgewählte Designprodukte namhafter Hersteller sowie eine Eigenmarke, die zusammen mit Designern schöne Dinge entwickelt. Stylischer, heller und gut organisierter Laden – und viele der Artikel passen sogar ins Handgepäck.

224 HOLZRAUSCH

Corneliusstraße 2
Isarvorstadt ②
089 189 328 80
holzrausch.de

Galerie, Werkstatt und Ausstellungsraum in einem. Mehr als ein Möbelhaus oder Showroom: Hier werden die Vorzüge der einzelnen Objekte – Materialien, Konstruktion und Design – ins rechte Licht gerückt. Materialien, Architektur und Design.

225 VITSOE

Türkenstraße 36
Maxvorstadt ③
089 230 770 54
vitsoe.com

Die schnörkellosen Regale und Möbel von Vitsoe – 1960 von Dieter Rams entworfen – gehören in der Designwelt zu den besten Beispielen des Mottos »Besser Leben mit weniger, das länger hält«. Erster deutscher Laden von Vitsoe!

224 HOLZRAUSCH

Die 5 besten
TRACHTENGESCHÄFTE

226 **GOTTSEIDANK**
Schleißheimer Straße 273
Milbertshofen ④
089 358 999 180
gottseidank.com

Traditionelle Trachten sind in Münchens Straßen rar geworden. Auch beim Oktoberfest dominieren eher die Spaßversionen. Hier rettet Gottseidank den Tag mit schönen modernen, aus hochwertigen Stoffen gefertigten Dirndln. Männer können ihre Lederhose mit einem Wollhoodie kombinieren.

227 **ALMLIEBE**
Hochbrückenstraße 10
Altstadt-Lehel ①
089 242 175 92
almliebe.com

Im neuen 180 m² großen Laden in der Altstadt finden Sie feine Auswahl an modern interpretierter Trachtenkleidung für Frauen, Männer und seit Kurzem auch für Kinder sowie einige Wohnaccessoires. Vom lässigen Kapuzenjanker über der hochwertigen Hirschlederhose bis hin zum traditionellen hochgeschlossenen Dirndl – hier ist man stolz auf Tradition und Qualität.

228 HOLAREIDULIJÖ

Schellingstraße 81
Maxvorstadt ③
089 271 77 45

Der beste Laden für alte, gebrauchte Lederhosen, hier nimmt man traditionelle bayerische Kleidung sehr ernst! Es gibt alles: Dirndl, regionale Trachten, Trachtenschuhe, Bergschuhe, Modeschmuck ... Bitte beachten: Das ist kein Touristenladen!

229 NOH NEE

Görrestraße 16
Maxvorstadt ③
089 237 992 39
nohnee.com

Afrikanische Stoffe in strahlenden Farben mit aufwendig designten Mustern werden hier für traditionelle bayerische Dirndlschnitte verwendet. Jedes Dirndl à l'Africaine ist einzigartig und eine Hommage an die Persönlichkeit der Trägerin. Schauen Sie sich auch die kleine Kollektion von Mänteln, Röcken, Kleidern, Blusen und Hosen an.

230 AMSEL

Adalbertstraße 14
Maxvorstadt ③
089 200 610 02
amsel-fashion.com

Das Münchner Familienunternehmen entwirft hochwertige Damen- und Herrentrachten sowie alpine Mode, die zwar traditionell aussieht, aber auch im Hier und Jetzt sehr gut funktioniert. Amsel verbindet bayerische Handwerkskunst mit britischem Flair und nennt das Ergebnis »British Bavarian«. Jedes Stück wird in Europa in Handarbeit hergestellt.

5 *nachhaltige*
MÜNCHNER LABEL

231 **LOVE KIDSWEAR**
089 767 022 38
love-kidswear.com

Dieses Label produziert stylische Kinderkleidung für Jungen und Mädchen bis 14 Jahre, neu dazugekommen ist eine kleine Damenkollektion. Es werden nur nachhaltige Materialien verwendet und die Arbeiter in Portugal fair bezahlt. Informieren Sie sich auf der Website über Läden, die das Label führen.

232 **STUDIO 163**
Nymphenburger Straße 151/ Eingang Blutenburgstraße
Neuhausen-Nymphenburg ⑦
089 189 282 67
studio163.de

Die beste Adresse für moderne Strickwaren aus Kaschmir! Das Design kommt aus München, produziert wird in einem kleinen Betrieb in der Mongolei. Die beiden Designer arbeiten eng mit der Spinnerei und der Strickerei, in der 15 Frauen arbeiten, zusammen. (Neu: Laden COCO monaco, Marienplatz 1)

233 **SAINT CLOUDS – I WANT YOU NAKED**
saint-clouds.com

»I want you naked« steht außen auf den Verpackungen und meint damit den »nackten«, ehrlichen Inhalt. Die hochwertige Naturkosmetiklinie wird zu 100 % aus natürlichen Inhaltsstoffen in Handarbeit in München hergestellt.

234 **BEYER'S OIL**

beyersoil.com

Bartpflegeprodukte – handgemacht in Bayern! Warum nicht mal die regionale Version eines Bartöls ausprobieren, das im Alpenvorland hergestellt wird? Alle Inhaltsstoffe sind zu 100 % natürlich, so z. B. auch im Bartbalsam und Shampoo. Auf der Homepage werden die Verkaufsstellen aufgelistet.

235 **JUTELAUNE**

jutelaune.com

Dieses junge Label produziert handgearbeitete Schuhe in Spanien. Die traditionellen Avarcas und Espadrilles werden von einheimischen Handwerkern vor Ort in Menorca und La Rioja hergestellt. Das Ergebnis ist ein einfacher, stylischer und vor allem ethisch korrekter Schuh!

234 BEYER'S OIL

Mamas
KUCHE
PIZZA
WAFFELN
GYROS

Ostsee bad
Kühlungsborn

75 ORTE, WO SIE DAS ECHTE MÜNCHEN ERLEBEN

5 gemütliche
BIERGÄRTEN

236 **WIRTSHAUS AM BAVARIAPARK**
Theresienhöhe 15
Schwanthalerhöhe ⑥
089 452 116 91
wirtshaus-am-bavariapark.com

Dieser Biergarten liegt direkt hinter der Bavaria, nur wenige Meter von der Theresienwiese entfernt. Alte Kastanienbäume spenden Schatten, es gibt einen großen Selbstbedienungsbereich, das Essen ist gut. Alles, was Sie brauchen, um den Biergarten-Lebensstil zu verstehen.

237 **MAX-EMANUEL-BRAUEREI**
Adalbertstraße 33
Maxvorstadt ③
089 271 51 58
max-emanuel-brauerei.de

Mitten in der geschäftigen Maxvorstadt, dem Universitätsviertel, versteckt sich der Biergarten der ehemaligen Brauerei. Hier hat man zwar nicht so viel Platz wie in anderen Biergärten, dafür kommt man schnell mit den einheimischen Tischnachbarn ins Gespräch.

238 **BIERGARTEN AM MUFFATWERK**
Zellstraße 4
Au-Haidhausen ⑤
089 458 750 73
muffatwerk.de/de/pages/biergarten

Der von einer hohen Mauer umgebene Biergarten ist Teil des Muffatwerks, eines ehemaligen Kraftwerks, das zu einem Kulturzentrum umgebaut wurde. Einzigartige Lage an der Isar, lange Öffnungszeiten, Biobier und Bio-Essen – definitiv einen Besuch wert!

239 **HOFBRÄUKELLER AM WIENER PLATZ**

Innere Wiener Straße 19
Au-Haidhausen ⑤
089 459 92 50
hofbraeukeller.de

Ein Klassiker, absolut sehenswert. Das Knirschen von Kies, das leichte Klirren der Bierkrüge, wenn sie aneinanderstoßen, dazu die vielen angeregten Gespräche der vielen Münchner, die hier unter Freunden ein Bierchen trinken. Kleiner Kinderspielplatz in der Ecke.

240 **PAULANER AM NOCKHERBERG**

Hochstraße 77
Au-Haidhausen ⑤
089 459 91 30
paulaner-nockherberg.com

Seit vielen Jahren trinken die Münchner hier ihr Bier. 2018 wurden das Restaurant und der Biergarten nach einer umfassenden Renovierung wiedereröffnet. Die alten Kastanienbäume spenden weiterhin Schatten im Biergarten, unter dem die historischen Bierkeller der Brauerei liegen. Eine tolle Kombination aus Tradition und Moderne.

236 WIRTSHAUS AM BAVARIAPARK

5 Lieblingsplätze
AN DER ISAR

241 **KABELSTEG**
Altstadt-Lehel ① ⑤

Dieses Plätzchen ist (nicht nur) bei Familien beliebt. Die Kiesbänke um den Kabelsteg sind der beste Ort, um sich mitten in der Stadt in der Isar zu erfrischen oder sich sogar ein Stückchen den Fluss heruntertreiben zu lassen. Bitte seien Sie vorsichtig und fragen Sie Einheimische um Rat, wenn Sie sich nicht sicher sind. In der Isar sind schon viele ertrunken! Im nahe gelegenen Café des Alpinen Museums können Sie Getränke kaufen.

242 **FLAUCHERSTANDL**
Zentralländstraße 35
Thalkirchen ⑥
0152 251 196 68

Der kleine Kiosk liegt – trotz des Namens – nicht direkt am Flaucher, sondern an der weiter südlich gelegenen Floßlände in der Nähe des Campingplatzes. Es gibt frisch gegrillte Currywurst, gekühlte Getränke und Eiscreme. Ein ideales Plätzchen für ein Picknick am Fluss.

243 **GROSSHESSELOHER BRÜCKE**
Harlaching ⑥

Die Eisenbahnbrücke quert in über 30 m Höhe die Isar. Unter der Schienentrasse verläuft ein kombinierter Fuß- und Radweg, von dem Sie einen fantastischen Blick über das Isartal haben. Die Brücke ist zugleich die südliche Grenze der Stadt.

244 KULTURSTRAND

Auf der Insel
Au-Haidhausen ⑤
kulturstrand.org

Der »Kulturstrand« findet jedes Jahr von Mai bis August auf der Museumsinsel, nördlich der Ludwigsbrücke, statt. Er ist täglich von 12 bis 24 Uhr geöffnet und bringt echte Urlaubsatmosphäre ins Herz der Stadt. Getränke, Streetfood und ein offen zugängliches, vielfältiges Kulturprogramm.

245 MARIENKLAUSEN-BRÜCKE

Thalkirchen ⑥

In den letzten Jahren wurde das Flussbett der Isar erweitert, von den Betoneinfassungen befreit und die Ufer abgeflacht, damit der Fluss seinen natürlichen Verlauf zurückgewinnen kann. Von dieser Brücke (nur für Fußgänger und Radfahrer) aus können Sie die »neue« Isar besonders gut sehen.

241 KABELSTEG

Die 5 schönsten
SONNENPLÄTZCHEN

246 **MAX-JOSEPH-PLATZ**
Altstadt-Lehel ①

An der südlichen Fassade der Residenz, des Schlosses im Stadtzentrum, können Sie auf der steinernen Sitzbank in der Sonne sitzen. Hier ist richtig viel los! Man kann den Fußgängern und Opernbesuchern zusehen, wie sie Richtung Fußgängerzone laufen, in die Oper gehen – oder einfach den Moment und die Sonne genießen.

247 **KÖNIGSPLATZ**
Maxvorstadt ③

Die frühen Morgenstunden sind perfekt, um auf den leicht vor Wind geschützten Stufen der Glyptothek oder der Antikensammlung zu sitzen. Ein großartiger Platz, um im Frühjahr die ersten Sonnenstrahlen zu genießen.

248 **GÄRTNERPLATZ**
Isarvorstadt ②

Sehr beliebt bei jungen Leuten, die sich hier abends in einem der umliegenden Geschäfte ein Bier kaufen und die schöne Atmosphäre des Platzes in einem der teuersten Viertel Münchens genießen. Tagsüber ist es etwas ruhiger.

249 WEISSENBURGER PLATZ

Au-Haidhausen ⑤

Einer der schönsten Plätze Münchens liegt im Franzosenviertel in Haidhausen. Im Sommer ist der Platz um den Glaspalastbrunnen üppig bepflanzt, im Winter findet hier einer der romantischsten und traditionsreichsten Weihnachtsmärkte der Stadt statt.

250 SANKT-JAKOBS-PLATZ

Altstadt-Lehel ①

Dieser Lieblingsplatz ist urmünchnerisch und verbindet dabei Vergangenheit und Gegenwart. Setzen Sie sich auf eine Bank und schauen Sie sich um. Wenn Sie mit Kindern unterwegs sind: Die lieben den modernen Spielplatz zwischen Jüdischem Museum und Synagoge.

246 MAX-JOSEPH-PLATZ

5 beeindruckende

AUSBLICKE

251 **HACKERBRÜCKE**
Hackerbrücke
Schwanthalerhöhe ③

Hier trifft sich gerne ein junges Publikum auf ein Feierabend-Bierchen. Man schaut über die Gleise hinweg Richtung Innenstadt im Osten, mit Blick auf die Bahnhofshalle, die Frauenkirche, den Justizpalst. Oder nach Westen, wohin alle Züge dem Sonnenuntergang entgegen die Stadt verlassen.

252 **CAFÉ ÜBERM MARIENPLATZ**
GALERIA KAUFHOF
Kaufinger Str. 1–5/IV
Altstadt-Lehel ①
muenchner-freiheit.de/cafes/#c-ue-m

Das Café liegt im vierten Stock der Galeria Kaufhof, von hier hat man einen wunderbaren Blick auf das Neue Rathaus, die Frauenkirche und den Marienplatz. Außerdem sind die Kuchen ausgezeichnet. Ein perfektes Plätzchen für eine Pause – für Eingeweihte ….

253 **OLYMPIABERG**
OLYMPIAPARK
Martin-Luther-King-Weg
Milbertshofen ④
olympiapark.de

Natürlich bietet der Olympiaturm mit seiner Aussichtsplattform in 190 m Höhe die beste Aussicht – allerdings müssen Sie dort für den Aufzug zahlen. Der Aufstieg auf den Olympiaberg ist dagegen kostenlos – und bei schönem Wetter können Sie sogar die Alpen sehen!

254 BAVARIA

Theresienhöhe 16
Schwanthalerhöhe ③
schloesser.bayern.de/deutsch/schloss/objekte/mu_ruhm.htm

Einen besonderen Blick auf die Stadt (und das Oktoberfest) hat man von der Bavaria an der Theresienwiese. Über eine Wendeltreppe steigt man in den Kopf der Bronzestatue. Vom 1. April bis 13. Oktober von 9 bis 18 Uhr, während des Oktoberfestes bis 20 Uhr geöffnet.

255 LE BUFFET OBERPOLLINGER

Neuhauser Straße 18
Altstadt-Lehel ①
089 290 238 97
oberpollinger.de/food-restaurants

Im fünften Stock des Kaufhauses Oberpollinger liegt die schöne Dachterrasse, auf der Sie in der Sonne sitzen und den Blick über die ehemalige Börse und die umliegenden Gebäude genießen können. Es wird ein erschwingliches internationales Buffet (Selbstbedienung) angeboten. Für Kinder ist ein Spielbereich vorhanden.

251 BLICK VON DER HACKERBRÜCKE

5 ×

RADLN IN MÜNCHEN

256 **CALL A BIKE**

callabike-interaktiv.de

In über 50 Städten sind die stabilen und gut gepflegen Fahrräder rund um die Uhr erhältlich. Man mietet die Räder minuten-, stunden- oder tageweise über das Handy. Parken und zurückgeben können Sie Ihr Fahrrad, wo Sie wollen (üblicherweise im Stadtzentrum).

257 **RADIUS TOURS**

Arnulfstraße 3
Maxvorstadt ③
089 543 487 77 40
radiustours.com

Direkt am Hauptbahnhof gelegen und im Sommer sieben Tage die Woche geöffnet, sogar E-Bikes können Sie hier ausleihen. Die Einheimischen kennen Radius Tours für seine Bierradtouren für Touristen, wobei einige Radfahrer den ganzen Weg durch den Englischen Garten hindurch klingeln.

258 **PEDALHELDEN**

Marsstraße 11
Maxvorstadt ③
089 516 199 11
pedalhelden.de

Hier können Sie fast jedes erdenkliche Fahrrad mieten, vom Mountainbike bis hin zu Kinderfahrrädern oder Cargo-Bikes. Pedalhelden vermieten auch Fahrradanhänger oder witzige Räder wie das 3-Personen-Tandem oder Konferenzfahrräder für sieben Personen.

259 SPURWECHSEL

Ohlmüllerstraße 5
Au-Haidhausen ⑧
089 692 46 99
spurwechsel-muenchen.de

Ja, klar, sie organisieren Bier-Radl-Touren, sie haben aber auch viele andere Veranstaltungen wie z. B. eine Fußballtour oder eine 19.-Jh.-Tour im Angebot. Außerdem praktisch, um sich ein Fahrrad zu mieten, wenn man in der Nähe wohnt.

260 BIKEBRINGER STEFFEN REHFELDT

0173 386 07 66
bikebringer.de

Egal, wo Sie (innerhalb Münchens) wohnen, Sie bekommen Ihr Leihfahrrad nach Hause geliefert und es wird auch wieder abgeholt. Freundliches Personal, guter Service. Zubehör wie Sitze, Anhänger und Helme kann man dazumieten.

258 PEDALHELDEN

5 Straßen zum BUMMELN

261 AUGUSTENSTRASSE

Maxvorstadt ③

Die Augustenstraße ist keine Schönheit im herkömmlichen Sinn - obwohl sie am reizvollen Josephsplatz endet (Dienstag Bauernmarkt). Beliebt ist sie wegen ihrer tollen Mischung aus unterschiedlichsten Läden, Cafés, Imbissen und Restaurants. Eine lebendige Straße, die direkt zum Hauptbahnhof in der Stadtmitte führt.

262 TÜRKENSTRASSE

Maxvorstadt ③

Verpassen Sie auf keinen Fall die Türkenstraße! Wahrscheinlich überqueren Sie sie beim Besuch der Pinakotheken sowieso. Gehen Sie dann Richtung Norden, wo Sie viele Geschäfte und schöne Cafés mit studentischem Flair entdecken können. Von wuseligen Passagen bis hin zu ruhigeren Ecken - die Türkenstraße hat alles.

263 LEDERERSTRASSE

Altstadt-Lehel ①

Die schmale Straße in der Altstadt hat ihren Namen von den Ledermachern und Gerbern, die früher hier gearbeitet haben. Ein Stück echtes München mit einer faszinierenden Mischung aus denkmalgeschützten Häusern, trendigen Restaurants und unabhängigen Läden, das bei Einheimischen und Touristen gleichermaßen beliebt ist. Schauen Sie bei »1001 Sinne« vorbei, das sich auf ungewöhnliche und seltene Schokoladensorten spezialisiert hat.

264 SEDANSTRASSE

Au-Haidhausen ⑤

Diese Straße – mit den vielen gut erhaltenen Altbauten typisch für Haidhausen – wird von alternativen Kneipen und Cafés sowie ausgefallenen Läden gesäumt. Ein guter Ausgangspunkt zur Erkundung des sogenannten Franzosenviertels mit seinen schönen Plätzen.

265 RUMFORDSTRASSE

Isarvorstadt ②

Die Rumfordstraße schlängelt sich etwas zurückversetzt vom Altstadtring durch die Isarvorstadt. Hier wechseln sich Modegeschäfte, mehrere große Möbelhäuser, zwei fabelhafte Buchhandlungen und viele unterschiedlichste Gastronomiebetriebe miteinander ab. Ein Spaziergang durch die Rumfordstraße ist immer ein Vergnügen!

5

Lieblingsorte der Münchner auf dem OKTOBERFEST

266 **OIDE WIESN**

Hierher kommen Familien mit Kindern und alle Besucher, die ein gemütlicheres Oktoberfest bevorzugen, Man muss zwar eine Eintrittsgebühr von drei Euro zahlen (bis 14 Jahre frei), dafür kosten alle Fahrten auf der Oidn Wiesn nur 1 Euro. Es geht darum, Traditionelles aus der guten alten Zeit zu genießen. Sehr charmant, sehr entspannt!

267 **STANDKONZERT AN DER BAVARIA**

Am zweiten Oktoberfestsonntag wird um 11 Uhr ein traditionelles Konzert veranstaltet. Die Blaskapellen aller Festzelte versammeln sich unterhalb der Bavaria und spielen bekannte bayerische Märsche und Melodien. Zum großen Finale, wenn die Bayernhymne erklingt, schweben Tausende von Luftballons in den Himmel.

268 MITTAGSWIESN IM ZELT

Leisten Sie den Einheimischen in ihrer Mittagspause Gesellschaft! An Werktagen können Sie hier mittags zu ermäßigten Preisen gut essen. Angestellte aus den umliegenden Büros treffen sich zu einer kurzen Pause und genießen die bayerischen Spezialitäten – meist in Begleitung von nicht-alkoholischen Getränken.

269 KLEINE FESTZELTE

Die kleinen Festzelte sind oft die gemütlicheren. Dazu sind sie geselliger und man findet noch einen Sitzplatz, wenn die großen Zelte schon lange wegen Überfüllung geschlossen sind.

270 TEUFELSRAD

Dieses archaische Spektakel begeistert die Münchner seit über 100 Jahren. In der Mitte dreht sich eine große Scheibe, jeder versucht raufzukraxeln (der Ausrufer lädt eine bestimmte Personengruppe aus dem Publikum ein, mitzumachen). Dann beginnt sich die Scheibe immer schneller zu drehen und die Leute werden nach und nach heruntergeschleudert. Derjenige, der es schafft, sich am längsten auf der Scheibe zu halten, gewinnt. Währenddessen reißt der Ansager im derbsten Bayerisch wirklich gemeine Witze über die Teilnehmer. Seien Sie vorsichtig, wenn Sie kurze Hosen tragen, sie holen sich eventuell schmerzhafte Blasen.

5
GRÜNE OASEN
zum Entspannen

271 BOTANISCHER GARTEN

Menzinger Straße 61
Neuhausen-Nymphenburg ⑦
089 178 613 16
botmuc.de/de

Der Botanische Garten (nicht mit dem Alten Botanischen Garten am Hauptbahnhof verwechseln!) ist eine grüne Oase am Rande des Schlossparks Nymphenburg. Weil man Eintritt zahlen muss, drehen viele Touristen am Eingang wieder um – ein großer Fehler! Hier können Sie nicht nur seltene Pflanzenarten entdecken, sondern vor allem ein wahres Paradies mitten in der Stadt, in dem die Zeit stehen geblieben zu sein scheint. Vorsicht, die Tore schließen sich jeden Abend sehr pünktlich.

272 KABINETTSGARTEN

Alfons-Goppel-Straße
Altstadt-Lehel ①

Der Kabinettsgarten, einer der Innenhöfe der Residenz, wurde 2002/03 neu gestaltet und ist heute ein idyllisches und friedliches Refugium mit Brunnen und Wasserflächen. Perfekt, um mitten in der Stadt etwas Ruhe und Frieden zu finden. Zugang über den Marstallplatz, das schmale Eingangstor liegt direkt gegenüber vom Instituto Cervantes.

271 BOTANISCHER GARTEN

273 FINNERL'S GARTENOASE

Nahe Schreberweg 31
Bogenhausen ⑤
089 470 43 75

Obwohl ursprünglich für die Selbstversorgung mit Gemüse und Obst gedacht, sind Schrebergärten heute für viele Münchner kleine grüne Oasen, mit über der ganzen Stadt verstreuten Standorten. Allerdings gibt es strenge Regeln für die Mieter. Schauen Sie den Hobbygärtnern bei der Arbeit zu. Der Biergarten ist öffentlich zugänglich und bietet gutes, einfaches Essen.

274 BAUMSCHULE BISCHWEILER (»ROSENGARTEN«)

Sachsenstraße 2
Untergiesing ⑧
089 233 604 23

Die Stadtgärtnerei testet auf diesen Flächen Pflanzen auf ihre Widerstandsfähigkeit und kultiviert Ziergehölze für die städtischen Beete. Im Lauf der Jahrzehnte hat sich der öffentlich zugängliche Garten zu einem wahren Idyll entwickelt. Es gibt verschiedene Themengärten wie den Rosen-, Flieder-, Duft- und Tastgarten, die Giftpflanzenschule und einen großartigen Spielplatz. Zugang für Fußgänger auch vom Isar-Damm-Weg nördlich der Braunauer Eisenbahnbrücke.

275 HOFGARTEN

Hofgartenstraße 1
Altstadt-Lehel ①

Erholungspause gefällig? Mitten in der Stadt? Gehen Sie einfach in den Hofgarten! Spazieren Sie umher wie die Herzöge und Könige von einst und ruhen sich auf einer der zahlreichen Bänke aus. Manchmal erklingt sogar Musik aus dem Pavillon, dem Tempel der Diana im Zentrum des barocken Gartens.

5 Topadressen in der
FUSSBALLHAUPTSTADT

276 **DEN BAYERN BEIM TRAINING ZUSCHAUEN**
Säbener Straße 51-57
Giesing ⑧
089 699 310
fcbayern.com/de/club/saebener-strasse/besucher-info

Es ist fast unmöglich, Tickets für ein Bayern-Spiel in der Münchner Allianz Arena zu bekommen. Aber Sie können den Profis beim Trainieren zusehen – und müssen noch nicht mal Eintritt dafür zahlen. Am Trainingsgelände sind Sie zusammen mit den anderen Fans ganz dicht dran an den Spielern und erleben so Profifußball hautnah.

277 **H'UGO'S**
Promenadeplatz 1-3
Altstadt-Lehel ①
089 221 270
hugos-pizza.de/home

Es heißt, dass viele Bayern-Spieler gerne in diesem Lokal essen. Wahrscheinlich ist das einer der Gründe, warum die Promiquote hier relativ hoch ist. Berühmt für seine Trüffelpizza.

278 **ALLIANZ ARENA**
Werner-Heisenberg-Allee 25
Schwabing ④
allianz-arena.com/de

Im Fußballstadion kann man verschiedene Erlebnistouren buchen und sich die Dauerausstellung im Vereinsmuseum des FC Bayern anschauen. Für wahre Fans ein Muss.

279 STADION AN DER SCHLEISSHEIMER-STRASSE

Schleißheimer-
straße 82
Maxvorstadt ③
089 529 736
*stadionander
schleissheimerstrasse.de*

Kein Stadion, sondern eine Fußballkneipe. Hier treffen sich Fußballfans verschiedener Münchner Vereine, um ihrer Leidenschaft nachzugehen und gemeinsam wichtige Spiele anzuschauen. Die Kneipe ist strikt unparteiisch! Bis zu drei deutsche und internationale Spiele werden parallel übertragen.

280 FAN ARENA MÜNCHEN

Arnulfstraße 16–18
Maxvorstadt ③
089 593 115
fanarena-muenchen.de

In dieser Kneipe sehen Sie sofort, welche Fans hier zu Hause sind. Alles ist rot und weiß, sämtliche Wände und sogar die Decke sind mit Fahnen und Schals des FC Bayern bedeckt. Hier können Sie ein Spiel anschauen und dabei die vielen Souvenirs und Gadgets bewundern.

280 FAN ARENA MÜNCHEN

Die 5 interessantesten
STADTFÜHRUNGEN

281 **MVG MÜNCHENTRAM**
Max-Weber-Platz
Au-Haidhausen ⑤
mvg.de/services/freizeittipps/muenchentram.html

Von Mai bis Oktober bieten die Münchner Verkehrsbetriebe Stadtführungen in einer historischen Straßenbahn an. Sie fahren mit der Tram eine Stunde lang an vielen Sehenswürdigkeiten vorbei durch die Stadt. Die Tour ist auch bei Münchnern sehr beliebt.

282 **STATTREISEN**
Nymphenburger Straße 149
Neuhausen-Nymphenburg ⑦
089 5440 4230
stattreisen-muenchen.de

Seit über zwanzig Jahren bietet Stattreisen geführte Stadtspaziergänge zu den klassischen Sehenswürdigkeiten Münchens an. Im Angebot sind auch spezielle Themenführungen wie die Viktualienmarkt-Verführ-Tour oder Kinderführungen.

283 **TOURISMUSAMT MÜNCHEN**
089 2339 6500
muenchen.travel/rubriken/buchen/fuehrungen

Die Stadt München bildet Stadtführer aus, die sich umfangreichen Tests unterziehen müssen, bevor sie Touristen durch die Stadt führen dürfen. Hier sind Sie immer in guten Händen, egal, ob Sie sich für die klassischen Sehenswürdigkeiten oder für Touren zu anderen Themen interessieren.

284 **MUNICHWALKTOURS**

089 242 317 67
munichwalktours.de

Auch Munich Walk Tours bietet täglich Stadtführungen zu den üblichen Themen an: Altstadt, Bier und Brauerei, Schlemmertour rund um den Viktualienmarkt und München als Hauptstadt der Bewegung. Mit dem Rad geht es in den Englischen Garten.

285 **HEYMINGA**

Atelierstraße 16/
Werk 3
Au-Haidhausen ⑤
089 215 442 05
heyminga-touren.com

Diese Touren in bunten Oldtimer-Bullis sind neu. Die VW-Busse flitzen mehrere Stunden lang durch die Stadt und stoppen an den Sehenswürdigkeiten. Kleine Gruppen, da nur maximal acht Personen in den Bulli passen.

281 MVG MÜNCHENTRAM

5 *malerische* FRIEDHÖFE

286 **ALTER NORDFRIEDHOF**
Arcisstraße 45
Maxvorstadt ③

Hier wurde seit 1944 niemand mehr beerdigt. Heute hat sich der ehemalige Friedhof zu einer Parkanlage mit einer ganz besonderen Atmosphäre gewandelt, auch ein Teil der Grabsteine hat sich erhalten. Die Leute kommen zum Spazierengehen, Picknicken oder Joggen. Außerhalb der Mauern gibt es einen schönen und sehr beliebten Kinderspielplatz.

287 **ALTER SÜDFRIEDHOF**
Thalkirchner Straße 17
Isarvorstadt ②

Auf dem Alten Südfriedhof, der ursprünglich als Pestfriedhof außerhalb der Stadtmauern angelegt worden war, sind viele berühmte Münchner Persönlichkeiten begraben. Seit über siebzig Jahren gibt es hier jedoch keine Beerdigung mehr. Heute steht der Friedhof unter Denkmalschutz und ist zu einer kleinen Oase der Ruhe mitten im Stadtzentrum geworden.

287 ALTER SÜDFRIEDHOF

288 NEUER ISRAELITISCHER FRIEDHOF

Garchinger Straße 37
Schwabing ④

Mehrere Friedhöfe in München wurden als Waldfriedhöfe angelegt, darunter auch der Neue Israelitische Friedhof, der ab 1908 belegt wurde. Friedhöfe gelten im Judentum als Symbole für die Endlichkeit alles Seins, Grabsteine dürfen daher verwittern und verfallen. Ein Denkmal erinnert an die Opfer der Verfolgung unter der nationalsozialistischen Diktatur von 1933 bis 1945. An Samstagen und an jüdischen Feiertagen sind keine Besuche möglich. Sie müssen bei einem Besuch den Kopf bedecken.

289 FRIEDHOF AM PERLACHER FORST

Stadelheimer Straße 24
Obergiesing ⑧

Auf diesem Friedhof, der direkt neben dem Gefängnis Stadelheim liegt, wurden einige der zahlreichen Opfer des Nationalsozialismus, die im Gefängnis getötet wurden, begraben. Darunter die Mitglieder der Weißen Rose Sophie und Hans Scholl und Christoph Probst. Denkmäler, Mahnmale und Ehrenhaine gedenken der Opfer des Naziregimes und des Zweiten Weltkriegs.

290 FRIEDHOF BOGENHAUSEN

Bogenhauser Kirchplatz 1
Bogenhausen ⑤

Dieser kleine Friedhof mit etwa 240 Gräbern wirkt wie ein kleines Dorf. Nur Leute aus dem Viertel – oder bekannte Persönlichkeiten – dürfen hier bestattet werden. Künstler, Schauspieler, Schriftsteller, Unternehmer und viele andere Personen der Zeitgeschichte haben hier ihre letzte Ruhestätte gefunden.

5

BIER-HIGHLIGHTS

291 **GIESINGER BRÄU**
Martin-Luther Straße 2
Untergiesing-Harlaching ⑧
089 550 621 84
giesinger-braeu.de

Die junge Brauerei wurde 2006 in einem Hinterhof gegründet, um mit typischen Münchner Bieren und anderen Spezialbieren eine größere Vielfalt zu schaffen. Für München bis dato völlig neu! Alle Biere der Giesinger sind handwerklich gebraut, aus regionalen Rohstoffen, ungefiltert und nicht thermisch behandelt. Verkosten kann man die Biere im Bräustüberl. Ein Besuch lohnt sich. Reservieren Sie am besten frühzeitig.

292 **RICHELBRÄU**
Richelstraße 26
Neuhausen-Nymphenburg ⑦
089 132 584
richelbraeu.de

Diese Mikrobrauerei ist ein nichtkommerzielles, privates Projekt. Zweimal im Monat können Sie bei einem Braukurs mitmachen, inklusive Snack, Bierprobe und Präsentation des Projekts Richelbräu.

293 **HOPFENHÄCKER**
Weißenburger Straße 16
Au-Haidhausen ⑤
hopfenhaecker.de

Deutsche Brautradition oder amerikanisches Craft Beer? Die beiden Hopfenhäcker kombinieren beides und brauen fantastisches Craft Beer mit traditioneller Note. Freitags und samstags Hofverkauf.

294 **SPATEN-FRANZISKANERBRÄU**
Marsstraße 46–48
Neuhausen-Nymphenburg ⑦
franziskaner-weissbier.de

Diese – im Gegensatz zu den anderen hier vorgestellten – große Brauerei hat eine jahrhundertelange Tradition und ist Teil einer der weltweit größten Brauereigruppen, Anheuser-Busch InBev. Brauereibesichtigung mit Verköstigung. Besucherzentrum.

295 **BIER- UND OKTOBERFEST-MUSEUM**
Sterneckerstraße 2
Altstadt-Lehel ①
bier-und-oktoberfestmuseum.de

Bei der Bezeichnung Bier- und Oktoberfestmuseum vermuten Sie vielleicht gleich das Schlimmste, aber ein Besuch hier ist wirklich richtig spannend! Die Augustiner-Brauerei hat eines der ältesten Bürgerhäuser der Stadt restauriert. Interessante Ausstellung, gute bayerische Hausmannskost im Museumsstüberl – und natürlich Bier.

295 BIER- UND OKTOBERFESTMUSEUM

5 *wichtige*
INSTITUTIONEN

296 **LITERATURHAUS**
Salvatorplatz 1
Altstadt-Lehel ①
089 291 93 40
literaturhaus-muenchen.de

Das Literaturhaus steht auf der Liste der Sehenswürdigkeit vielleicht nicht ganz oben, ist aber eine der wichtigsten Adressen im literarischen Leben Münchens. Hier können Sie Lesungen und ständig wechselnde Ausstellungen besuchen. Es lohnt sich auch, im Café vorbeizuschauen. Und fahren Sie mit dem Lift in die oberste Etage, um den ausgestopften Bären zu bewundern, der einst im Zuhause von Thomas Mann stand.

297 **ESO SUPERNOVA**
Karl-Schwarzschild-Straße 2
Garching bei München
supernova.eso.org/germany/

Am Hauptsitz der Europäischen Südsternwarte (ESO) in Garching wurde das brandneue ESO Supernova Planetarium & Besucherzentrum, ein Astronomiezentrum für Jung und Alt eröffnet. Herzstück ist das digitale Planetarium. Durch innovative Techniken und anschauliches Bildmaterial werden die schwierigsten Themen der Astronomie und Physik verständlich. Buchen Sie Ihre Tour unbedingt sehr frühzeitig – viele davon sind kostenlos.

298 **AMERIKAHAUS**

Karolinenplatz 3
Maxvorstadt ③
089 552 53 70
amerikahaus.de

Das Amerikahaus wurde 1945 von den amerikanischen Militärbehörden als »American Reading Room« gegründet, eine Bibliothek, die die Umerziehung und Demokratisierung der Deutschen fördern sollte. Heute wird es vom bayerischen Staat geführt und fungiert als offenes Haus für den transatlantischen Austausch mit einem breiten und vielfältigen Veranstaltungsangebot. Das denkmalgeschützte Gebäude ist auf alle Fälle einen Besuch wert. (Seit 2016 Generalsanierung, Ausweichquartier Barer Straße 19a)

299 **JÜDISCHES MUSEUM**

Sankt-Jakobs-Platz 16
Altstadt-Lehel ①
089 233 960 96
juedisches-museum-muenchen.de

Das Jüdische Museum München wurde 2007 eröffnet. Warum das so ungeheuer lange gedauert hat, ist eine noch längere Geschichte. Heute ist es nicht mehr wegzudenken, die wechselnden Ausstellungen bereichern die Stadt. Ein idealer Ausgangspunkt, um jüdisches Leben zu erkunden.

300 **WANNDA**

Wechselnde Orte
wannda.de

Ein temporärer »Kulturzirkus« auf Brachflächen, eine Zeltstadt, die ungenutzte Orte für kurze Zeit in einen pulsierenden Raum verwandelt. Wannda kombiniert meist verschiedene Dinge wie Yoga, elektronische Musik und Kunstausstellungen. Schauen Sie auf die Website und mit etwas Glück haben Sie die Chance, etwas wirklich Ausgefallenes zu erleben.

5 Orte mit bemerkenswerter ARCHITEKTUR

301 **FRIENDS**
Birketweg
Neuhausen-Nymphenburg ⑦
bauwerk.de/de/objekt/friends

Ambitionierte zeitgenössische Architektur ist in München immer wieder ein kontrovers diskutiertes Thema. In den letzten Jahren sind entlang der Bahnstrecke zum Hauptbahnhof viele neue Bauten entstanden – meist architektonisches Mittelmaß. Eine Ausnahme von der Regel sind die Wohnhochhäuser »Friends« der Architekten Allmann Sattler Wappner. Einige der Fenster kragen als Glaserker hervor und dynamisieren die Fassaden der beiden Türme, ikonisch!

302 **MESSESTADT RIEM**
Trudering-Riem

Auf dem Gelände des ehemaligen Flughafens Riem ist in den letzten Jahren ein neues Wohnquartier entstanden. Neben einem Ausstellungszentrum und Wohnbauten wurde eine große Grünanlage, der Riemer Park mit See, realisiert. Bei einem Spaziergang durch das Viertel erleben Sie ganz unterschiedliche Vorstellungen von Architektur und Stadtentwicklung.

303 **BIBLIOTHEK HOCHSCHULE MÜNCHEN**

Lothstraße 13d
Neuhausen-Nymphenburg ⑦
andreasmeck.de/p-ehb-b1.htm

Spannende architektonische Impulse gehen in München oft von öffentlichen Gebäuden aus. Dieser Bau ist ein schlichtes, aber schönes Beispiel dafür. Die Zentralbibliothek der Fachhochschule München wurde um einen Rechteckbau erweitert, den man über eine Brücke im dritten Stockwerk betritt (als öffentliches Gebäude für Besucher zugänglich). Der Lesesaal liegt im obersten Geschoss.

304 **BORSTEI**

Franz-Marc-Straße
Moosach ⑦
borstei.de

Diese Wohnsiedlung wurde zwischen 1924 und 1929 vom Bauunternehmer und Architekten Bernhard Borst erbaut. Mit seinem Entwurf wollte er die Schönheit eines Einfamilienhauses mit dem Praktischen einer Wohnung verbinden und damit Frauen bei der Hausarbeit entlasten, Komfort und eine angenehme Umgebung schaffen. Der Komplex besteht aus über siebzig zusammenhängenden Wohngebäuden und zahlreichen Grünflächen. Auf jeden Fall einen Besuch wert!

305 **SCHWABINGER TOR**

Leopoldstraße 184
Schwabing ④
schwabinger-tor.de

Einige glauben, dass so die Zukunft Münchens aussieht. Moderne, meist luxuriöse Wohnungen in dicht nebeneinander gebauten Mehrfamilienhäusern mit wenig Raum für sonstige Gestaltung. Das gesamte Areal ist in Privatbesitz und besteht überwiegend aus Mietswohnungen. Parken nur in den Tiefgaragen erlaubt.

5 *außergewöhnliche* FESTE

306 **TANZ DER MARKTFRAUEN**
Viktualienmarkt
Altstadt-Lehel ①

Am Faschingsdienstag ist in der Innenstadt immer viel los. Eine langjährige Tradition hat der Tanz der Markfrauen auf dem Viktualienmarkt. Sie tragen selbst gemachte, ausgefallene Kostüme, die sich thematisch auf ihren Stand beziehen. Ob Bäckerin, Metzgerin oder Blumenhändlerin: man sieht sofort, was sie verkaufen. Gut zu wissen: Es kann sehr voll werden. Beginn um 11 Uhr.

307 **AUER DULT**
Mariahilfplatz
Au-Haidhausen ⑤ ⑧
auerdult.de

Die Dult ist Kult. Der Jahrmarkt findet dreimal im Jahr statt: Ende April/Anfang Mai, Ende Juli/Anfang August und im Oktober. Auf dem Markt dreht sich alles um Geschirr, Gebrauchsgegenstände und Raritäten, von Haushaltswaren bis hin zu Messerschleifern, von Keramik zu Hüten, historischen Postkarten, Silberbesteck, Schallplatten und alten Möbeln. Es gibt reichlich zu essen, Spaß und Unterhaltung.

308 **KOCHERLBALL**

Chinesischer Turm
Englischer Garten 3
Schwabing ③
haberl.de/kocherlball

Im 19. Jh. trafen sich die Dienstboten jeden Sonntag vor der Messe zum Tanz unter dem Chinesischen Turm. Nach einer Weile wurde der Brauch verboten, 1989 aber wieder aufgenommen. Seitdem kann man an einem Sonntag im Juli in aller Herrgottsfrüh nach der Musik einer Blaskapelle am Chinesischen Turm tanzen (und trinken). Es gibt eine kurze Einführung zu den Volkstänzen. Viele kommen in traditioneller Kleidung inklusive Hut, manche haben die Nacht bereits durchgemacht.

309 **SOMMER-TOLLWOOD**

Olympiapark Süd
Schwabing ④
tollwood.de

Das dreiwöchige Festival im Juni/Juli ist ein Kulturspektakel in Zelten, mit Ideen und Verkaufsbuden aus der alternativen Szene und viel Musik. Eine tolle Möglichkeit, einen schönen Sommerabend im Freien zu verbringen, viele Münchner und Leute aus dem Umland reisen an.

310 **STARKBIERFEST**

LÖWENBRÄUKELLER
Nymphenburger Straße 2
Neuhausen-Nymphenburg ⑦
loewenbraeukeller.com

Zur Fastenzeit wird in Bayern Starkbier gebraut. Das wird mit traditioneller und Partymusik gefeiert. Freitag- und Samstagnacht können die Damen im Löwenbräukeller bei einem Schönheitswettbewerb ein Dirndl gewinnen. Die Herren ziehen vielleicht das traditionelle Steinheben in Betracht (Sie müssen 508 Pfund hochstemmen). Obacht: Das Starkbier enthält wesentlich mehr Alkohohl als normales Bier.

315 DENKMAL FÜR DIE WIESN-ATTENTAT-OPFER

20 ORTE DER GESCHICHTE

5

DUNKLE KAPITEL

der Münchner Geschichte

311 **KURT-EISNER-DENKMAL**
Kardinal-Faulhaber-Straße 8
Altstadt-Lehel ①

Kurt Eisner war Anführer der Novemberrevolution 1918 und der erste bayerische Ministerpräsident, am 21. Februar 1919 wurde er vor dem Palais Montgelas (Nr. 14) ermordet. Nach einer langen, teils turbulenten Debatte wurde zum 70. Todestag diese Bodenplatte angebracht. Das Denkmal besteht aus einem Bronzerelief mit dem Umriss Eisners und einer Inschrift darüber.

312 **ERINNERUNGSORT OLYMPIA-ATTENTAT**
Kolehmainenweg
Milbertshofen ④

Diese Gedenkstätte ist den zwölf Opfern der Geiselnahme von München während der Olympischen Spiele 1972 gewidmet. Die Attentäter töteten elf israelische Athleten und einen deutschen Polizisten. Eine Videoinstallation (10-Minuten-Loop, 8–22 Uhr) konzentriert sich auf das Leben der Opfer. Die beeindruckende Gedenkstätte ist rund um die Uhr geöffnet.

313 FLUGZEUGABSTURZ AN DER PAULSKIRCHE

Bayerstraße/Martin-Greif-Straße
Schwanthalerhöhe ⑥

Am 17. Dezember 1960 stürzte kurz nach dem Start in München-Riem ein zweimotoriges Transportflugzeug der U.S. Air Force im Stadtzentrum ab. Das Flugzeug streifte erst den Hauptturm der Paulskirche und stürzte dann im Bereich der Bayerstraße/Martin-Greif-Straße (nördlich der Theresienwiese) auf eine voll besetzte Trambahn. Der Flugzeugtreibstoff setzte die Straße innerhalb von Sekunden in Flammen. Insgesamt starben 52 Menschen. Die Katastrophe löste eine Debatte über einen neuen Flughafen aus, der außerhalb der Stadtgrenzen gebaut werden sollte. An der südwestlichen Ecke der Kreuzung ist eine Gedenkplakette angebracht.

314 NSU-PROZESS

Nymphenburger Straße 16
Neuhausen-Nymphenburg ⑦

Im Strafjustizzentrum fand von 2013 bis 2018 das Gerichtsverfahren gegen die rechtsextreme Terrorgruppe Nationalsozialistischer Untergrund (NSU) und ihr Umfeld statt. Die Gruppe tötete neun Mitbürger mit Migrationshintergrund (zwei davon in München) und eine Polizistin, verübte 43 Mordversuche sowie Sprengstoffanschläge und Raubüberfälle. Bis heute versteht niemand, warum der NSU nicht früher gestoppt wurde. Ein Kapitel der deutschen Geschichte, das lange noch nicht abgeschlossen sein wird.

315 OKTOBERFEST-ATTENTAT

Bavariaring 5
Schwanthaler-höhe ⑥

Das Bombenattentat vom 29. September 1980 gilt als der schwerste Terroranschlag in der deutschen Nachkriegsgeschichte. Bei der Sprengstoffexplosion in der Nähe des Haupteingangs des Oktoberfestes wurden 13 Menschen getötet und 211 verletzt. Bis heute ist fraglich, ob der Einzeltäter wirklich allein gehandelt hat. 35 Jahre nach dem Attentat wurden neue Ermittlungen eingeleitet. Das Denkmal für die Wiesn-Attentat-Opfer von 1981 ist 2008 umgestaltet und neu eingeweiht worden.

5

Orte mit Bezug zur NAZIZEIT

316 **EHRENTEMPEL**
Arcisstraße 12
Maxvorstadt ③

Die zwei 1935 von den Nationalsozialisten errichteten Ehrentempel wurden für die Sarkophage der 16 Parteimitglieder errichtet, die 1923 beim Putschversuch der NSDAP getötet worden waren. 1947 zerstörte die U.S. Army im Rahmen der Entnazifizierung die Bauten, nur die Fundamente blieben stehen. Über die unerwünschten Erinnerungen hat man im wahrsten Sinne des Wortes »Gras wachsen lassen«, heute wachsen seltene Pflanzen in den als offizielles Biotop registrierten Ruinen.

317 **WUNDEN DER ERINNERUNG**
Ecke Schellingstraße/ Ludwigstraße
Maxvorstadt ③

Die Kunstinstallation aus den Neunzigerjahren ist Teil eines europäischen Kunstprojekts, in dem Künstler die Spuren des Zweiten Weltkriegs dokumentieren. Die Einschusslöcher sind hinter Glasscheiben konserviert: Die Wunden des Krieges sollen offen bleiben, statt zu verheilen, damit die Menschen nicht vergessen. Es gibt drei dieser »Wundorte« in München und weitere zwölf in Europa.

319 NS-DOKUMENTATIONSZENTRUM

318 KINDERHEIM

Antonienstraße 7
Schwabing ④

Hier stand früher ein jüdisches Kinderheim, in dem bis zu den Deportationen 1941 und 1942 Waisenkinder lebten. Das Mahnmal aus dem Jahr 2002 wurde vor dem Gebäude aufgestellt, die Eigentümer des heute dort stehenden Gebäudes hatten eine Plakette abgelehnt.

319 NS-DOKUMENTATIONS-ZENTRUM

Max-Mannheimer-Platz 1
Maxvorstadt ③
ns-dokuzentrum-muenchen.de

Das NS-Dokumentationszentrum wurde 2015 am Standort des sogenannten »Braunen Hauses« (der einstigen Parteizentrale der NSDAP) eröffnet. An diesem Lern- und Erinnerungsort zur Geschichte des Nationalsozialismus können Sie sich über die NS-Vergangenheit Münchens informieren. »Und was geht uns das heute an?« ist die grundlegende Frage des Ausstellungskonzepts an alle Besucher.

320 DENKSTÄTTE WEISSE ROSE

LUDWIG-MAXIMILIANS-UNIVERSITÄT
Geschwister-Scholl-Platz 1
Maxvorstadt ③
089 218 030 53
weisse-rose-stiftung.de

Die Geschichte der Widerstandsgruppe Weiße Rose ist eng mit München verbunden. Eine Gruppe Studierender und einer ihrer Professoren hatten sich mit kritischen Flugblättern gegen die NS-Diktatur gestellt. Viele von ihnen wurden 1943 verhaftet und zum Tode verurteilt. Vor dem Hauptgebäude sind bronzene Flugblätter in den Boden eingelassen. Gedenkstätte und Dauerausstellung innen im Lichthof.

5 ×

KÖNIGLICHES ERBE

321 **RESIDENZ**
Residenzstraße 1
Altstadt-Lehel ①
residenz-muenchen.de/

München war einst die Hauptstadt des Königreichs Bayern und Sitz der königlichen Familie. Ihre Leidenschaft für Kunst und Architektur prägt auch heute noch die Stadt. Deutschlands größter Stadtpalast diente über fünf Jahrhunderte lang als Wohn- und Regierungssitz der Herrscher. Schauen Sie sich das prächtige Zuhause an.

322 **SCHLOSS NYMPHENBURG**
Schloss Nymphenburg 1
Neuhausen-Nymphenburg ⑦
schloss-nymphenburg.de

Früher einmal lag diese Sommerresidenz außerhalb der Stadtgrenzen Münchens. Hier lustwandelten die Könige und frönten dem Müßiggang. In einem Seitenflügel des Schlosses lebt bis heute ein Mann, der – wäre Bayern immer noch eine Monarchie – wahrscheinlich unser König wäre. Die Münchner verbringen ihre Zeit am liebsten im zugehörigen Park.

324 **ANTIKENSAMMLUNG AM KÖNIGSPLATZ**

323 SISI

Sisi (eigentlich Kaiserin Elisabeth von Österreich, geb. Elisabeth in Bayern) ist immer noch sehr beliebt. Sie wurde 1837 am Weihnachtsabend in München geboren, die Elisabethstraße, der Elisabethplatz und der Elisabethmarkt sind nach ihr benannt. Wenn Sie in ihre Fußstapfen treten wollen, dann gehen Sie auf ein Bier ins Hofbräuhaus. Die Kaiserin kehrte hier gerne inkognito ein.

324 KÖNIGSPLATZ

Maxvorstadt ③

Der Königsplatz gilt als eines der architektonischen Hauptwerke von München, dem »Isar-Athen«. Im 19. Jh. ließ König Ludwig I. seine Architekten eine Reihe klassizistischer Gebäude und Plätze, darunter den Königsplatz, entwerfen. Ab 1933 wurde der Platz für Aufmärsche der NSDAP genutzt, hier fand am 10. Mai 1933 auch die Bücherverbrennung statt. Um den Königsplatz herum erstreckt sich das Münchner Galerie- und Museumsviertel.

325 ST. MICHAEL

Neuhauser Straße 6
Altstadt-Lehel ①

Die Jesuitenkirche in der Fußgängerzone wurde Ende des 16. Jh. erbaut. Die Krypta des prächtigen Baus beherbergt die Grablege des Hauses Wittelsbach mit 36 Gräbern. Die meisten wurden ohne Herz bestattet, das separat in der Altöttinger Gnadenkapelle beigesetzt wurde. St. Michael ist die Institutskirche der Jesuiten, die für ihre Sozialarbeit sehr geschätzt werden.

5 *Ereignisse, die* **SCHLAGZEILEN** *machten*

326 **OEZ**
Hanauer Straße 68/83
Moosach ⑦

Während der Schießerei vor und im Olympia-Einkaufszentrums (OEZ), kam am 22. Juli 2016 die Stadt stundenlang zum Erliegen und stand noch lange Zeit unter Schock. Ein Jahr später wurde das Denkmal »Für Euch« eingeweiht, das der neun Todesopfer gedenkt.

327 **SCHWABINGER KRAWALLE**
Leopoldstraße
Schwabing ④

Im Juni 1962 kam es zwischen Studenten und Polizei vier Tage lang zu Straßenschlachten, rund 40 000 Protestierende gingen bei den antiautoritären Unruhen auf die Straße. Was war der Auslöser? Mehr kulturelle Selbstbestimmung, Jugend, Wunsch nach Veränderung. Heute gelten diese Ereignisse als Vorboten der Studentenproteste von 1968 in Deutschland.

328 STARNBERGER FLÜGELBAHNHOF

Arnulfstraße 3
Maxvorstadt ③

Am Hauptbahnhof spielten sich im Jahr 2015 chaotische Szenen ab, als Zehntausende von Flüchtlingen mit Zügen ankamen und im Starnberger Flügelbahnhof einer ersten medizinischen Untersuchung unterzogen wurden. Die Bilder, wie die Münchner die Flüchtlinge begrüßten, gingen um die Welt. Freiwillige eilten zum Bahnhof und verteilten Lebensmittel, Wasser und Decken.

328 STARNBERGER FLÜGELBAHNHOF

329 BIERGARTEN-REVOLUTION

WALDWIRTSCHAFT

Georg-Kalb-Straße 3
Pullach im Isartal

Eine vorgezogene Sperrstunde wurde 1995 als Bedrohung für die sogenannte Biergartenkultur – zentrales Symbol der bayerischen Seele – wahrgenommen und veranlasste 25 000 Einwohner, auf die Straße zu gehen und zu protestieren. Das Gericht hatte angeordnet, den Biergarten der Waldwirtschaft schon um 21.30 Uhr zu schließen, nachdem sich Nachbarn über den Lärmpegel beschwert hatten. Die bayerische Staatsregierung erließ bald neue Vorschriften, die Biergärten von der Schließung am frühen Abend befreiten.

330 EHEMALIGE WOHNUNG GURLITT

Artur-Kutscher-Platz 1
Schwabing ④

Über 1000 wertvolle Kunstwerke wurden 2012 in einer ganz normalen Schwabinger Wohnung entdeckt, darunter Franz Marcs *Pferde in Landschaft*. Die Wohnung gehörte dem Kunstsammler Cornelius Gurlitt, der völlig zurückgezogen mit seinen Gemälden lebte. Einige der Werke standen im Verdacht, vom NS-Regime während des Zweiten Weltkriegs widerrechtlich angeeignet worden zu sein. Die Sammlung wurde von den Behörden zunächst beschlagnahmt und dann – im Gegenzug für Gurlitts Mitarbeit bei der Ermittlung der rechtmäßigen Eigentümer der Werke – wieder zurückgegeben.

50 ORTE FÜR DEN KULTURGENUSS

5

GALERIEN

für zeitgenössische Kunst

331 **SPERLING**

Regerplatz 9
Au-Haidhausen ⑤
089 548 497 47
sperling-munich.com

In diesem Teil der Stadt erwartet man nicht unbedingt eine Galerie. Über hundert Jahre befand sich in diesem Wohnhaus eine Apotheke, bevor die Räume in eine Ausstellungsfläche auf mehreren Ebenen umgewandelt wurden. Der Galerist Johannes Sperling vertritt eine kleine Gruppe junger Künstler, die kurz vor dem internationalen Durchbruch stehen.

332 **GALERIE JO VAN DE LOO**

Theresienstraße 48
Maxvorstadt ③
089 273 741 20
galerie-jovandeloo.com

Die Galerie direkt gegenüber vom Museum Brandhorst hat sich auf zeitgenössische Fotografie spezialisiert. Der Galerist Jo van de Loo, selbst Fotograf, zeigt Künstler, die in unterschiedlichen Medien arbeiten. Offene, freundliche Atmosphäre.

333 **BNKR**

Ungererstraße 158
Schwabing ④
089 689 060 620
bnkr.space

BNKR stellt in einem umgebauten Hochbunker von 1943 zeitgenössische Kunst aus. Jedes Jahr wird ein anderer Kurator mit einer Ausstellung betraut, die den interdisziplinären Dialog fördern soll.

334 **NIR ALTMAN GALERIE**
Ringseisstraße 4/Rgb
Isarvorstadt ②
089 388 694 55
niraltman.com

Diese Galerie vertritt nationale und internationale zeitgenössische Künstler: aufstrebende Talente und Künstler, die bereits auf der ganzen Welt ausgestellt haben. Nach Gründung der Mika Galerie in Tel Aviv eröffnete Galerist Nir Altman 2016 auch in München einen international ausgerichteten Ort für Kunst.

335 **HEITSCH GALLERY**
Reichenbach-straße 14
Altstadt-Lehel ②
089 269 491 10
heitschgalerie.de

2006 eröffnete Jörg Heitsch seine Galerie am Gärtnerplatz. Der Galerist hat zeitgenössische Künstler wie Jim Avignon, einen der beliebtesten Künstler Deutschlands, im Angebot. Die Zweigstelle der Galerie am Tegernsee stellt zeitgenössische Skulptur aus.

332 GALERIE JO VAN DE LOO

5 Meisterwerke der ALTEN PINAKOTHEK

ALTE PINAKOTHEK
Barer Straße 27
Maxvorstadt ③
089 238 052 16
pinakothek.de

336 **DAS GROSSE JÜNGSTE GERICHT**
Peter Paul Rubens

Die Alte Pinakothek, eines der ältesten Museen der Welt, besitzt die weltweit größte, ständig ausgestellte Rubens-Sammlung. Dieses monumentale, sechs Meter hohe Altarbild ist wahrscheinlich das größte Gemälde, das Rubens je gemalt hat. Der ganze Raum wurde um dieses Meisterwerk herum gestaltet. Sonntags beträgt der Eintrittspreis nur 1 Euro.

337 **SELBSTBILDNIS MIT ISABELLA BRANT IN DER GEISSBLATTLAUBE**
Peter Paul Rubens

Rubens malte dieses liebevolle Selbstbildnis mit seiner Frau, kurz nachdem sie geheiratet hatten. Das Paar ist sehr modisch gekleidet, ihre ineinandergelegten Hände weisen auf die Vermählung hin. Symbole der Liebe umgeben sie, darunter das Geißblatt für die Treue.

338 ALEXANDERSCHLACHT
Albrecht Altdorfer

Schlacht zwischen Alexander dem Großen und dem persischen König Darius III. bei Issos. Tausende von Reitern und Fußsoldaten bevölkern das detailreiche Bild. Die Landschaft mit untergehender Sonne und Halbmond bezieht sich auf den Ausgang der Schlacht (Alexanders Sieg), die den historischen Übergang von der persischen zur griechischen Ära markiert.

339 SELBSTBILDNIS IM PELZROCK
Albrecht Dürer

Das Selbstbildnis aus dem Jahr 1500 ist eines der bedeutendsten Werke der Kunstgeschichte, unter anderem wegen der frontalen Pose, die sonst mit religiöser Kunst verbunden ist. Damals muss das Gemälde wegen der idealisierten, christusähnlichen Ikonografie und des Pelzkragens, der nur vom Adel getragen wurde, sehr umstritten gewesen sein. Mit dem Pelz forderte Dürer vielleicht einen höheren sozialen Status ein, als Künstlern zu dieser Zeit gewährt wurde.

340 MADAME DE POMPADOUR
François Boucher

Madame de Pompadour war die Mätresse König Ludwig XV. Auf diesem informellen Porträt von Boucher wird sie ungezwungen und entspannt zurückgelehnt bei der Lektüre abgebildet. Als gebildete und selbstbewusste Frau ist sie von Büchern und Zeichnungen umgeben, ein Hinweis auf ihren politischen und intellektuellen Einfluss.

5 Spuren des BLAUEN REITERS

341 **LENBACHHAUS**
Luisenstraße 33
Maxvorstadt ③
089 233 320 00
lenbachhaus.de

Die Bewegung des Blauen Reiters spielte zu Beginn des 20. Jh. eine zentrale Rolle für den Expressionismus. Die Künstlergruppe wurde besonders von zwei Mitgliedern geprägt: dem in Moskau geborenen Wassily Kandinsky (1866–1944) und dem Münchner Franz Marc (1880–1916). Die umfassende Ausstellung im Lenbachhaus zeigt die Entwicklung der Bewegung und Werke anderer herausragender Künstler dieser Zeit.

342 **PINAKOTHEK DER MODERNE**
Barer Straße 40
Maxvorstadt ③
pinakothek.de

Viele Hauptwerke von Franz Marc, Wassily Kandinsky, Alexej von Jawlensky und August Macke werden auch in der Pinakothek der Moderne gezeigt.

343 **MÜNTER-HAUS**
Kottmüllerallee 6
Murnau am Staffelsee
08841 628 880
muenter-stiftung.de

Das Münter-Haus im malerischen Murnau am Staffelsee wurde zu einer wichtigen Inspirationsquelle der Künstlerbewegung und Treffpunkt der Avantgarde. Schöner Tagesausflug, evtl. mit Spaziergang/Badeausflug kombinieren.

341 LENBACHHAUS

344 EHEM. GARTENHAUS IM HINTERHOF

Ainmillerstraße 36
Schwabing ④

Hier lebten Wassily Kandinsky und Gabriele Münter von 1903 bis 1911 in einem »gschlamperten Verhältnis« – sie waren nicht verheiratet. Ein Riesenskandal!

345 ARCO-PALAIS

Theatinerstraße 7/
Maffeistraße 4
Altstadt-Lehel ①

In der Modernen Galerie von Heinrich Thannhauser im Arco-Palais wurde die erste Ausstellung von Werken des Blauen Reiters gezeigt. Die Reaktionen auf die Ausstellung waren durchmischt, ihre Bedeutung für die Kunstgeschichte erst viel später klar. Die Galerie wurde 1928 aufgelöst. Heinrich Thannhauser starb 1934 auf der Flucht vor dem Naziregime an der deutsch-schweizerischen Grenze.

Die 5 besten Plätze für
STREET-ART

346 **CANDIDPLATZ**
Giesing ⑧

Der Candidplatz ist ein städtebauliches Desaster, umgeben von Schnellstraßen, Kreuzungen, Auffahrten und einer mächtigen Straßenüberführung aus Beton. Eine Gruppe engagierter Anwohner hat mit Unterstüzung der Stadtverwaltung die Betonsäulen von internationalen Street-Art-Künstlern gestalten lassen.

347 **MUCA**
Hotterstraße 12
Altstadt-Lehel ①
089 2302 3185
muca.eu

Deutschlands erstes Museum for Urban and Contemporary Art diese junge Kunstform in Dialog mit anderen Genres der zeitgenössischen Kunst. Wechselausstellungen, Veranstaltungen, Restaurant Mural.

348 **DONNERSBERGER-BRÜCKE**
Schwanthaler-höhe ⑥

Die achtspurige Betonbrücke ist eine der am meisten befahrenen Straßen Europas und mit ihren unzähligen Betonsäulen eine perfekte Spielwiese für Street-Art-Künstler. Bisher haben 60 Künstler diese Open-Air-Kunstgalerie mit ihren Graffitis gestaltet.

346 **CANDIDPLATZ**

349 **VIEHHOF**

349 VIEHHOF

Tumblinger-straße 29
Isarvorstadt ②

In ganz München der einzige (!) Ort, wo Street-Art legal ist. Die Arbeiten sind oft nur für wenige Stunden sichbar, bevor sie schon wieder von einem anderen Graffiti überdeckt werden. Das Kulturzentrum Bahnwärter Thiel managt die Location. Auf lange Sicht werden alle Graffitis verschwinden, die Stadt plant, die Flächen neu zu bebauen.

350 ISARBRÜCKEN

Unter dem Friedensengel
Bogenhausen ⑤

Lokale und internationale Graffitikünstler haben sich in dieser Fußgängerunterführung (auf der Ostseite des Flusses) mit Arbeiten verewigt. Eine wundervolle Location mit guter Beleuchtung. Schönes Ziel für einen Isarspaziergang. Und wenn Sie Richtung Süden gehen, können Sie sich auch die Graffiti unter der Ludwigsbrücke ansehen.

5
INSPIRIERENDE MUSEEN

351 **KUNSTFOYER**
Maximilianstraße 53
Altstadt-Lehel ① ⑤
089 216 022 44
versicherungskammer-kulturstiftung.de/kunstfoyer/

Dieser Ausstellungsraum wird von der Stiftung der Versicherungskammer betrieben. Die herausragenden Wechselaustellungen widmen sich neben grafischen Werken meist verschiedenen Aspekten der Fotografie, sei es die Werkschau eines Fotografen oder Sammlungen bzw. Fotoagenturen. Sehen Sie auf der Website nach, ob wegen Ausstellungswechsels gerade geschlossen ist. Täglich geöffnet, Eintritt frei.

352 **VILLA STUCK**
Prinzregentenstraße 60
Au-Haidhausen ⑤
089 455 55 10
villastuck.de

Künstlerfürst Franz von Stuck hat diese luxuriöse Jugendstilvilla als Privathaus und Künstleratelier entworfen (1897/98). Hinter der Villa können Sie den Künstlergarten besichtigen, der mit Figuren nach pompejanischen Vorbildern und Kunstwerken des 19. Jh. geschmückt ist. Ein Gesamtkunstwerk, in dem Leben, Architektur, Kunst, Musik und Theater verschmelzen. Sie können die original erhaltenen Räume und spannende zeitgenössische Kunstaustellungen besuchen.

353 KUNSTBAU

Luisenstraße 33
Maxvorstadt ③
089 233 320 00
lenbachhaus.de/das-museum/architektur/kunstbau

Der unterirdische, ursprünglich ungenutzte Leerraum war beim Bau der U-Bahn unter dem Königsplatz entstanden und wurde 1994 in eine großzügige Ausstellungshalle umgewandelt. Der nüchterne Raum eignet sich hervorragend für Sonderausstellungen mit Licht-, Ton- oder großformatigen Arbeiten. Ein großartiger Ort für eine andere Sicht auf die Kunst.

354 SAMMLUNG GÖTZ

Oberföhringer Straße 103
Bogenhausen ⑤
089 959 396 90
sammlung-goetz.de

Die herausragende Privatsammlung zeitgenössischer Kunst von Ingvild Götz ist in einem nicht minder fantastischen Bau von Herzog & de Meuron untergebracht. Für Besuche muss man sich online anmelden. Teile der Videokunst-Sammlung sind im Haus der Kunst zu sehen. Nicht verpassen, einzigartig!

355 BAYERISCHES NATIONALMUSEUM

Prinzregentenstraße 3
Altstadt-Lehel ②
089 211 24 01
bayerisches-nationalmuseum.de

Das Bayerische Nationalmuseum ist eines der wichtigsten – und in weiten Teilen original erhaltenen – Kunstgewerbemuseen in Europa. Obwohl das Gebäude im Zweiten Weltkrieg schwer beschädigt wurde, können Sie heute noch der ursprünglichen, vor 100 Jahren entwickelten Tour durch die Räume folgen. Das Museum ist für seine Krippensammlung berühmt, die von Anfang November bis Ende Januar besichtigt werden kann.

5 tolle Orte für
LIVE-MUSIK

356 **BACKSTAGE**
Reitknechtstraße 6
Neuhausen-Nymphenburg ⑦
089 126 61 00
backstage.info

Alternativer Club mit mehreren Hallen und Open-Air-Bereich. Ein fantastischer Ort, um unbekannte oder etablierte Bands in allen möglichen Stilrichtungen, von Ska bis Rock, auf der Bühne zu sehen. Außerdem Party für Metal-, Rock-, Indie- und Hip-Hop-Süchtige und netter Biergarten. Keine Ausreden: Wenn man nicht mindestens einmal im Backstage war, kennt man München nicht.

357 **FEIERWERK**
Hansastraße 39-41
Sendling ⑥
089 724 880
feierwerk.de

Seit über dreißig Jahren unterstützt der gemeinnützige Verein Kunst, Musik und Kultur mit dem Ziel, Subkulturen zu einer eigenen Dynamik zu verhelfen. Die Live-Konzerte sind unglaublich vielfältig. Viele Bands haben hier ihren ersten Gig gespielt, bevor es in die größeren Hallen ging. Ein aufgeschlossener und entspannter Ort.

358 **JAZZBAR VOGLER**
Rumfordstraße 17
Altstadt-Lehel ②
089 294 662
jazzbar-vogler.com

Stylischer Jazzclub mit großartiger Atmosphäre, guten Drinks und fantastischer Live-Musik. Schauen Sie auf alle Fälle rein – auch wenn Jazz sonst nicht so Ihr Ding ist. Der charmante Besitzer wird keine Mühen scheuen, um Ihnen einen angenehmen Abend zu ermöglichen.

359 **MISTER B'S**
Herzog-Heinrich-Straße 38
Isarvorstadt ②
089 534 901
misterbs.de

Winzig, oft sehr heiß, immer proppenvoll. In Münchens kleinstem Jazzclub sind lokale und internationale Jazzmusiker zu Gast. In diesem intimen Rahmen erleben Sie Jazz auf ganz altmodische Art und der Besitzer mixt selbst Ihre Cocktails – der Club ist einfach zu winzig, um noch mehr Personal unterzubringen.

360 **MILLA**
Holzstraße 28
Isarvorstadt ②
089 189 231 01
milla-club.de

Das Milla ist aus einem glücklichen Zufall entstanden: Die Location wurde gerade frei und ein paar Leute wollten einen Live-Musik-Club aufmachen. Mitten im Glockenbachviertel wird auf kleinstem Raum alles geboten, vom Kneipenbetrieb über Indie-Konzerte bis zu Jazz-Jam-Sessions. Ein Ort für Musikliebhaber auf der Suche nach neuen Eindrücken.

5 *Möglichkeiten,* WELTMUSIK *zu hören*

361 **CIRCULO**
Rosenheimer Straße 139/Eingang Friedensstraße
Au-Haidhausen ⑤
089 494 888
circulo.de

In dieser Tanzschule achtet man nicht so sehr darauf, wie exakt Sie Ihre Tanzschritte ausführen – hier geht es vor allem um die Freude am Tanzen. Das Circulo veranstaltet wöchentliche Tanzkurse, Partys und Festivals für Fans von Salsa Cubana, Zouk/Kizomba und Bachata. Vor jeder Party werden die Tanzschritte erklärt.

362 **RUPIDOO GLOBAL MUSIC CLUB**
AMPERE CLUB IM MUFFATWERK
Zellstraße 4
& andere Veranstaltungsorte
rupen.de/termine

Einmal im Monat veranstaltet DJ Rupen K. Gehrke diese Partynacht im Ampere und unregelmäßig an vielen anderen Orten. Ein genreübergreifender Event für jedes Alter, der kulturelle Grenzen überwindet. Neue und oft ungewöhnliche Tanzmusik aus aller Welt mit Global Beats, Global Pop, Oriental, Latin, Afro, Cumbia und Balkan.

363 BUNTE KUH FESTIVAL

FEIERWERK
Hansastraße 39–41
Sendling ⑥
bunte-kuh-festival.de

Münchens Weltmusikfestival findet jedes Jahr im Frühling, meist im Februar, statt. Ku(h)nterbunter Mix aus Musik, Tanz und Partys mit Weltmusik von Balkan bis Beat, von Okzident bis Latin. Für musikalische Globetrotter, die gemeinsam Spaß haben wollen.

364 KLANGFEST GASTEIG

Rosenheimer Straße 5
Au-Haidhausen ⑤
089 480 980
gasteig.de

Jedes Jahr zu Pfingsten bebt der Gasteig, das wichtigste Kulturzentrum Münchens: Ein Festival mit über 30 Konzerten auf vier Bühnen, darunter Jazz, Rock, Klassik und viel Weltmusik. Der Eintritt ist frei! Eine fantastische Gelegenheit, um junge Bands und unveröffentlichte Musik zu hören.

365 VOLKSMUSIKTAGE FRAUNHOFER

Fraunhoferstraße 9
Isarvorstadt ②
089 267 850
fraunhofertheater.de/fraunhofer_volksmusikpreis

Seit vielen Jahren versammelt dieses Festival die beste alpenländische Musik aus Bayern, den Alpen und der ganzen Welt. Wenn Sie Volksmusik mögen – ob traditionell oder den groovigeren, moderneren Stil –, dann schauen Sie während des sechswöchigen Konzertprogramms vorbei, das im Januar beginnt.

5 der besten

PROGRAMMKINOS

366 **CINEMA FILMTHEATER**
Nymphenburger Straße 31
Neuhausen-Nymphenburg ⑦
089 555 255
cinema-muenchen.de

Hierher pilgern Münchner, wenn Sie Filme in der Originalversion (meist in englischer Sprache) sehen wollen. Das erste Kino, das über ein Surround-System verfügte und Art-House-Produktionen sowie Opern-Livesendungen zeigte. Freitags Sneakpreview.

367 **NEUES MAXIM**
Landshuter Allee 33
Neuhausen-Nymphenburg ⑦
089 890 599 80
neues-maxim.de

Eines der ältesten Kinos Münchens, das kürzlich komplett saniert wurde. Das Kino zeigt viele Filme in der Originalversion mit deutschen Untertiteln. Sehr liebenswert, nettes Publikum.

368 **THEATINER FILMTHEATER**
Theatinerstraße 32
Altstadt-Lehel ①
089 223 183
theatiner-film.de

Hinreißendes Kino im Fünzigerjahre-Stil. Auf dem Programm stehen vor allem französische und europäische Filmproduktionen, die in der Originalversion mit Untertiteln gezeigt werden.

369 **WERKSTATTKINO**
Fraunhoferstraße 9
Isarvorstadt ②
089 260 7250
werkstattkino.de

Definitiv das Kino, das die Definition von »Arthouse« perfekt erfüllt. Ein Verein zeigt Independent-Kultfilme, Filmreihen und Experimentalfilme. Hier gibt es keine Blockbuster. Nur Abendkasse, keine Werbung, günstig.

370 **MUSEUM LICHTSPIELE**
Lilienstraße 2
Au-Haidhausen ⑤
089 482 403
muenchen.movietown.eu

Alle Münchner kennen die *Rocky Horror Picture Show* – fast jeder ist mal zu einem Date hier gewesen, um diesen Kultfilm zu sehen. Seit über 40 Jahren wird er zweimal die Woche aufgeführt – das steht sogar im Guinnessbuch der Rekorde! Dazu werden Blockbuster und Arthouse-Filme, viele im Original mit deutschen Untertiteln, gezeigt.

370 MUSEUM LICHTSPIELE

5

TANZCLUBS

371 BOB BEAMAN

Gabelsberger-straße 4/ Ecke Amalienstraße
Maxvorstadt ③
bobbeamanclub.com

Einer der besten Münchner Clubs für Hip-Hop und House, der kurz nach seiner Eröffnung für den Sound (eines der besten Soundsysteme der Stadt) und das revolutionäre neue Lichtkonzept international bekannt wurde. Hip-Hop und House für ein anspruchsvolles Publikum.

372 HARRY KLEIN

Sonnenstraße 8
Altstadt-Lehel ①
089 402 874 00
harrykleinclub.de

Ein kleiner, eher übersichtlicher Club, der für seine hervorragende Electro-Dance-Musik bekannt ist. Familiärer Club mit fairen Preisen. Die Video-projektionen, ihr Markenzeichen, sind dabei genauso wichtig wie die Musik.

373 BLITZ

Museumsinsel 1/ über Ludwigsbrücke
Au-Haidhausen ⑤
089 380 126 561
blitz.club

Das erstklassige Soundsystem ist perfekt für elektronische Beats. Jeder Besucher spürt und schätzt die großartige Atmosphäre. Es gibt ein strenges Fotografierverbot, sodass jeder unbeschwert Spaß haben kann. Ein Club mit interessantem kreativen Konzept.

374 **PARADISO TANZBAR**
Rumfordstraße 2
Isarvorstadt ②
089 263 469
paradiso-tanzbar.de

Living on my own … – hier hat Freddie Mercury sein berühmtes Musikvideo gedreht. Auch David Bowie und Mick Jagger haben in den Siebzigern und Achtzigern reingeschaut. Großartige Location mit Geschichte, plüschrotem, Samt, großen Spiegeln und schweren Kristalllüstern für eine gelungene Party. Auch für Junggesellenabschiede beliebt.

375 **S-A-U-N-A**
Marsstraße 22
Maxvorstadt ③
s-a-u-n-a.de

Großartig zum Partymachen. Hier dreht sich alles ums Spaßhaben, kein Posen, kein Coolsein. Wenn es drinnen heiß wird (Sauna …), kann man im Außenbereich gut abkühlen. Verschiedene Musikrichtungen, vor allem Neunzigerjahre.

373 **BLITZ**

Die 5 besten

FESTIVALS

376 **DOK.FEST**
Verschiedene Orte
dokfest-muenchen.de

Eines der größten Dokumentarfilmfestivals Europas. Jedes Jahr im Mai werden die interessantesten und relevantesten internationalen Dokumentarfilme gezeigt. DOK.fest unterstützt Regisseure aus sogenannten »Low-Production-Ländern«, arbeitet an einer möglichst großen Breitenwirkung künstlerischer Dokumentarfilme und initiiert nachhaltige Verbindungen zwischen Etablierten und Nachwuchs.

377 **THE PINK CHRISTMAS MARKET**
Stephansplatz
Isarvorstadt ②
pink-christmas.de

Ein schwul-lesbischer Weihnachtsmarkt, der Ende November seine Türen öffnet. Er ist eher klein – aber lustig und bunt – und kommunikativer als jeder andere Weihnachtsmarkt. Ob lesbisch, schwul, Transgender oder Hetero – hier fühlen sich alle gleichermaßen wohl und freuen sich auf die nette Atmosphäre, das ziemlich ungewöhnliche Warenangebot, Glühwein und die einzigartigen Abendvorstellungen um 19 Uhr.

378 **JAPANFEST**
ENGLISCHER GARTEN
Altstadt-Lehel ①

Jeden Juli wird im Englischen Garten zwischen japanischem Teehaus und Eisbach das Japanfest veranstaltet. Das Festival wird vom Konsulat und der japanischen Gemeinde ausgerichtet und umfasst Tänze, Kampfkunstvorführungen, Chorauftritte, spannende Einblicke in die japanische Kultur und köstliches Essen. Faszinierende Atmosphäre, familienfreundlich.

379 **VESAKH-FEST**
WESTPARK
Sendling ⑥
vesakh-muenchen.de

Auch Buddhas Geburtstag wird in München gefeiert. Und das am richtigen Ort: im Westpark mit seinen asiatischen Gärten und Tempeln. Das Vesakh-Fest umfasst religiöse Zeremonien, Meditation und leckeres Essen. Aufregend!

380 **THEATRON**
OLYMPIAPARK
Sendling ⑥
theatron.de

Das Theatron-Musikfestival wird auf der Open-Air-Bühne am Olympiasee veranstaltet (unterhalb der Olympia-Schwimmhalle), die Besucher finden im halbkreisförmigen Amphitheater und auf den Wiesenhängen Platz. Im Juli/August treten hier über mehrere Wochen regionale und internationale Bands auf. Der Eintritt ist frei, die Veranstaltung ist familienfreundlich (es gibt Gehörschutz für Kinder). Alle sind total glücklich und entspannt, während die Sonne untergeht und die Musik weiterspielt. Nicht verpassen! Picknickkorb nicht vergessen!

30 UNTERNEHMUNGEN MIT KINDERN

5
LIEBLINGS-SPIELPLÄTZE

381 **SPIELPLATZ OLYMPIAPARK SÜD**
Martin-Luther-King-Weg
Milbertshofen ④

In den Hügeln auf der Südseite des Olympiasees sind auf verschiedenen Ebenen Spielgeräte – von Kletterbrücken bis hin zu futuristischen Elementen – verteilt. Hier kann man sich nach einem langen Spaziergang im Olympiapark bestens erholen. Der gemütliche Biergarten Olympiaalm ist ganz in der Nähe.

382 **SPIELPLATZ AM MILCHHÄUSL**
Veterinärstraße 16
Maxvorstadt ③

Perfekt für eine kindgerechte Pause im Englischen Garten: Wasserpumpe, Schaukeln und Klettergerüste! Die Eltern relaxen derweil gerne im Schatten der alten Bäume. Im Milchhäusl-Kiosk neben dem Spielplatz gibt es Speisen und Getränken.

383 **SPIELPLATZ AUF DER INSEL**
Auf der Insel
Au-Haidhausen ⑤

Der Spielplatz liegt auf der Museumsinsel nördlich der Ludwigsbrücke, nicht weit vom Deutschen Museum. Die Kinder können mit der Wasserpumpe planschen oder im Sand graben. Im Sommer öffnet der Kulturstrand in der Nähe – Strandleben für alle!

384 ABENTEUERSPIELPLATZ NEUHAUSEN

Hanebergstraße 14
Neuhausen-Nymphenburg ⑦
089 155 333
asp-neuhausen.de

Der Abenteuerspielplatz wird pädagogisch betreut, bitte informieren Sie sich auf der Homepage über die Öffnungszeiten, bevor Sie vorbeischauen. Der Platz wurde von Kindern für Kinder entworfen und gebaut. Ein wahres Paradies für die Kinder und eine grüne Oase im Herzen der Stadt.

385 WEISSENSEEPARK

Setzbergstraße
Obergiesing ⑧

Im Weißenseepark gibt es mehrere Spielplätze, für jede Altersgruppe ist etwas dabei: Kleine Kinder planschen auf dem Wasserspielplatz, während die Größeren lieber klettern, bolzen oder auf Entdeckungstour gehen. Im Park stehen mehrere Obstbäume, von denen man sich gerne etwas nehmen darf.

382 SPIELPLATZ AM MILCHHÄUSL

Die 5 spannendsten
MUSEEN
für Kinder

386 **PALÄONTOLOGISCHES MUSEUM**
Richard-Wagner-Straße 10
Maxvorstadt ③
089 218 066 30
palmuc.de/bspg

Das paläontologische Museum ist auch eine Forschungseinrichtung und deshalb nur von Montag bis Freitag geöffnet. Zusätzlich werden jeden ersten Sonntag im Monat Führungen und ein Kinderquiz angeboten. Zu besichtigen sind Skelette von Dinosauriern und prähistorischen Säugetieren. Der Eintritt ist frei.

387 **KINDERMUSEUM**
Arnulfstraße 3
Schwanthalerhöhe ⑥
089 5404 6440
kindermuseum-muenchen.de

Wechselnde Ausstellungen zu verschiedenen Themen. Hier können Kinder mitmachen, spielen. Dinge ausprobieren und Experimente durchführen – und dabei spielerisch Antworten auf komplizierte Fragen finden.

388 **MÜNCHNER STADTMUSEUM – SOUNDLAB**
Sankt-Jakobs-Platz 1
Altstadt-Lehel ①
089 2332 2370
muenchner-stadtmuseum.de

Unter den vielen verschiedenen Ausstellungen im Stadtmuseum sind einige auch für Kinder geeignet. Schauen Sie sich das Soundlab.1 an: Die interaktiven Exponate ermutigen die kleinen Besucher, mit Klang und Akustik zu experimentieren. Trauen Sie sich, machen Sie Lärm!

389 **DEUTSCHES MUSEUM VERKEHRSZENTRUM**

Am Bavariapark 5
Schwanthalerhöhe ⑥
089 217 93 33
deutsches-museum.de/verkehrszentrum

In dieser Abteilung des Deutschen Museums erfahren Sie alles über Stadtverkehr, Reisen, Mobilität und Technik, Vergangenheit und Gegenwart. Anders gesagt: Man kann hier viele Autos, Lastwagen und Züge sehen – und einige sogar von innen erkunden. Verpassen Sie nicht die große Modellbahnanlage und die Dampflok-Demos!

390 **DEUTSCHES JAGD- UND FISCHEREIMUSEUM**

Neuhauser Straße 2
Altstadt-Lehel ①
089 220 522
jagd-fischerei-museum.de

Kinder lieben dieses Museum, weil es so viele (ausgestopfte) Tiere zu sehen gibt, einige darf man sogar anfassen. Das Museum vermittelt den Besuchern Wissenswertes über die Jagd und das Fischen, u.a. mit den ausgestellten Jagdgewehren und Angelruten. Ein Teil der Ausstellung wurde kürzlich modernisiert. Beeindruckend ist auch das Museumsgebäude, eine ehemalige Kirche.

5 PLÄTZE ZUM PLANSCHEN

391 **COSIMAWELLENBAD**
Cosimastraße 5
Bogenhausen ⑤
089 236 150 50
swm.de

Künstliche Wellen! Hier rauschen sie stündlich 15 Minuten lang. Braucht man mehr, um Kinder an einem Regentag zu unterhalten? Für Sonnentage gibt es ein Freibad mit Liegewiese. Wochentags ist meist weniger los.

392 **FLAUCHERINSELN**
Isarauen
Sendling ④

Alle Münchner gehen an den Flaucher – ob sie Kinder haben oder nicht. Auf den Kiesinseln am Flauchersteg können Sie schwimmen und auf Felsen und Bäume klettern. Im Sommer ist es recht voll – die Stimmung aber trotzdem einzigartig.

393 **WASSERSPIELPLATZ**
WESTPARK
Nähe Heiterwanger Straße 34
Sendling ④

Ein riesiger Wasserspielplatz mitten im Park. Man kann im Bach rumplanschen und Dämme bauen, drumherum ist ein spaßiges Klettergerüst mit langer Rutsche. Eltern lieben den Kiosk, an dem man auf Bierbänken abhängen kann. An heißen Tagen Badesachen nicht vergessen!

394 ENTENBACH

ENGLISCHER GARTEN
Beim Chinesischen Turm
Schwabing ③

Im Englischen Garten gibt es viele Wasserläufe. Die größeren Kanäle können gefährlich sein und sind für Kinder nicht geeignet. Der Entenbach ist dagegen ein toller Platz, um im Wasser zu spielen und die Füße nass zu machen.

395 DANTEBAD

Postillonstraße 17
Neuhausen-Nymphenburg ⑦
089 236 150 50
swm.de

Die Münchner lieben ihre städtischen Freibäder heiß und innig – besonders an heißen Sommertagen. Hier im Dante finden Sie auf der Wiese immer ein nettes Plätzchen, an dem Sie Ihre Decke ausbreiten können. Es gibt mehrere Schwimmbecken, eine Wasserrutsche, einen Spielplatz für Kleinkinder und einen Kiosk, wo man sich Pommes holen kann.

394 ENTENBACH

5

SPASSIGE AKTIVITÄTEN

396 **AIRHOP**
Ingolstädter Straße 172
Milbertshofen ④
089 708 099 07
airhoppark.de/muenchen

Seit der Eröffnung 2016 ein voller Erfolg: In dem fantastischen Indoor-Trampolinpark können sich Kinder – und Erwachsene! – austoben. Auch Spiele wie Völkerball oder Basketball. Unbedingt im Voraus buchen, eine Session dauert eine Stunde.

397 **DSCHUNGELPALAST**
FEIERWERK
Hansastraße 41
Sendling ④
089 724 882 40
feierwerk.de/einrichtungen-projekte/dschungelpalast

Genießen Sie mit der Familie ein entspanntes Sonntagsfrühstück im Café des Dschungelpalastes. Reichhaltiges Buffet mit Live-Musik, Kinderkino und Bastelprogramm. Hier geht jeder glücklich heim! Das gemeinnützige Kulturzentrum bietet das Frühstück jeden Sonntag von Anfang Oktober bis Ende April an.

398 **KINDERKUNSTHAUS**
Römerstraße 21/Ecke Hohenzollernstraße
Schwabing ④
089 330 357 70
kinderkunsthaus.de

Kinder (2 bis 14) können selbst entscheiden, woran sie im offenen Programm der Kunstwerkstatt teilnehmen wollen: Workshop oder Medialab: malen, bauen, am Computer zeichnen oder einen Kurzfilm produzieren. Unter 10 Jahren nur in Begleitung der Eltern.

399 **EISLAUFEN IM PRINZE**

Prinzregentenstraße 80
Bogenhausen ⑤
089 236 150 50
swm.de/privatkunden/m-baeder/eislaufen.html

Im Winter können Sie auf der Outdoor-Eisbahn im Prinzregentenbad Schlittschuh laufen. Wer Hunger bekommt, stärkt sich im Restaurant Aquamarin – mit Blick auf die Eisfläche. Schlittschuhverleih. (Wenn es lange richtig kalt war, kann man auch auf dem Nymphenburger Kanal, beim Hubertusbrunnen, Schlittschuhlaufen.)

400 **KULTI-KIDS**

Grafinger Straße 6
Au-Haidhausen ⑤
089 628 344 450
kulti-kids.de

Dieser Indoor-Spielplatz ist im Heizwerk einer ehemaligen Knödelfabrik untergebracht. Kinder im Alter von 1 ½ bis 10 Jahren haben Spaß auf den riesigen Rutschen, an der Kletterwand, auf den Trampolinen und anderen Spielgeräten. Geöffnet von Freitag bis Sonntag.

400 **KULTI-KIDS**

5 FAMILIENFREUNDLICHE *Restaurants*

401 **CAFÉ REITSCHULE**
Königinstraße 34
Schwabing ④
089 388 87 60
cafe-reitschule.de

Von der Terrasse des Cafés schaut man auf die Anlagen der Münchner Universitätsreitschule, dort werden die Pferde für ihren Ausritt im Englischen Garten gesattelt. Und von manchen Tischen aus kann man durchs Fenster die Unterrichtsstunden in der alten Reithalle verfolgen.

402 **VITS**
Rumfordstraße 49
Isarvorstadt ②
089 2370 9820
vitsderkaffee.de

Schickes und gemütliches Café. Während die Erwachsenen den ausgesprochen guten Kuchen und exzellenten Kaffee genießen, können sich die Kinder im netten Spielbereich vergnügen.

403 **BAMBERGER HAUS**
Brunnerstraße 2
Schwabing ④
089 322 128 210
bambergerhaus.com

Das historische Bamberger Haus liegt im Herzen des Luitpoldparks. Es gibt österreichische Küche und eine familienfreundliche Pizzeria. Während die Eltern ihr Essen oder eine Pause im Liegestuhl genießen, können die kleineren Kinder auf dem Spielplatz am Haus spielen und die größeren das Heckenlabyrinth im Park erkunden.

404 **AMMOS TAVERNA**
Pilgersheimer Straße 60
Untergiesing-Harlaching ⑧
089 444 887 57

Ein familienfreundliches griechisches Restaurant mit einem gemütlichen Außenbereich. Eines der wenigen Restaurants in München, wo Familien ganz entspannt Essen gehen können.

405 **GASTSTÄTTE ZUNFTHAUS**
Thalkirchner Straße 76
Isarvorstadt ②
089 538 865 30
zunfthaus-muenchen.de

Eine nette, gemütliche Gaststätte, in der Sie abseits des Trubels gutes hausgemachtes österreichisches Essen genießen können. Das Interieur ist einladend rustikal (Kachelofen!) und an Sommertagen kann man im Hof essen. Kinder lieben den Kaiserschmarrn.

402 VITS

5 *Tipps für kindgerechte*
KULTUR-VERANSTALTUNGEN

406 **INTERNATIONALE JUGENDBIBLIOTHEK**
SCHLOSS BLUTENBURG
Seldweg 15
Neuhausen-Nymphenburg ⑦
089 891 21 10
ijb.de

Gibt es etwas Schöneres, als ein altes Schloss zu besichtigen? Wie wäre es mit einem romantischen Schloss, in dem die weltweit größte Bibliothek für internationale Kinder- und Jugendliteratur ihr Zuhause hat? Die Sammlung umfasst Bücher in vielen verschiedenen Sprachen, bietet Ausstellungen und vieles mehr. Und ein schönes Restaurant gibt es im Schloss auch!

407 **BMW FAMILIENSONNTAG**
BMW WELT
Am Olympiapark 1
Milbertshofen ④
089 125 016 001
bmw-welt.com/de/experience/junior_programme.html

Die BMW Welt ist eine der Hauptattraktionen in München. Wenn Sie rechtzeitig buchen, können Kinder zwischen 5 und 18 Jahren einen einstündigen »Forscherworkshop« im Junior Campus Laboratory besuchen, wo sie unter Anleitung Experimente durchführen und zum Abschluss ein Quiz machen. An jedem letzten Sonntag im Monat findet ein »Familiensonntag« mit speziellen Führungen statt.

408 **MÜNCHNER PHILHARMONIKER**
Kellerstraße 4
Au-Haidhausen ⑤
089 480 985 090
spielfeld-klassik.de

Die Münchner Philharmoniker – ein Weltklasse-Orchester – bieten unter dem Titel »Spielfeld Klassik« ein buntes und familienfreundliches Programm an. Sie können z. B. an Proben des Dirigenten mit dem Orchester teilnehmen oder Tickets für die Kinderkonzerte im Familienprogramm kaufen. Es ist immer was los.

409 **BAYERISCHE VOLKSSTERNWARTE MÜNCHEN**
Rosenheimer Straße 145h
Au-Haidhausen ⑤
089 406 239
sternwarte-muenchen.de/kinder.html

Die öffentliche Volkssternwarte München wurde vor über 70 Jahren gegründet. Dank der Spenden und der helfenden Hände vieler Freiwilliger ist die Sternwarte zu einem wahren Paradies für Astronomen geworden. Es gibt ein kleines Planetarium, Teleskope, Ausstellungsräume und eine Beobachtungsplattform.

410 **BAYERISCHE STAATSOPER**
Max-Joseph-Platz 2
Altstadt-Lehel ①
089 218 501
staatsoper.de/campus/kinder-jugend.html

Erleben Sie die aufregende Welt von Oper, Ballett und Konzerten! Die berühmte Münchner Oper hat für Familien und Kinder viel zu bieten – für junge Erwachsene, aber auch für kleinere Kinder. Schauen Sie sich gemeinsam eine der Familienaufführungen an: Kinder unter 18 Jahren zahlen nur 10 Euro, egal, wo sie sitzen. Die Oper organisiert außerdem spezielle Workshops und Einführungen zu den Kinderaufführungen.

427 **EDEN HOTEL WOLFF**

20 ORTE ZUM ÜBERNACHTEN

5

BOUTIQUE-HOTELS

411 **BAVARIA BOUTIQUE HOTEL**
Gollierstraße 9
Schwanthalerhöhe ⑥
089 508 07 90
hotel-bavaria.com

»Ein Hotel, das gute Laune macht« – so steht es auf der Homepage. Das reizende Hotel ist genau das Richtige für einen Kurzurlaub oder einen Shopping-Trip. Durch die zentrale Lage im trendigen Westend ist man schnell in der Altstadt oder auf dem Oktoberfest.

412 **HOTEL IM HOF**
Schellingstraße 127
Maxvorstadt ③
089 700 746 060
hotel-im-hof.de

Wenn Sie einen Städtetrip mit viel Kultur planen, dann übernachten Sie am besten in diesem charmanten, 2016 eröffneten Hotel mitten im Museumsviertel. Die berühmten Kunstmuseen Münchens – die Pinakotheken – und viele Kunstgalerien sind bequem zu Fuß erreichbar. Die umliegenden Restaurants, Bistros, Cafés und Studentenkneipen bieten Wohlschmeckendes aus der ganzen Welt.

413 CORTIINA HOTEL

Ledererstraße 8
Altstadt-Lehel ①
089 242 24 90
www.cortiina.com

Ein verborgenes Juwel im Herzen der Stadt! Die Designer haben mit Naturmaterialien wie Mooreiche und Jurakalk eine zeitlos schöne Atmosphäre geschaffen. Einheimische und Touristen strömen ins Cortiina für einen *afternoon tea*, ein Abendessen im Restaurant oder einen Absacker an der Bar.

414 HOTEL OLYMPIC

Hans-Sachs-Straße 4
Isarvorstadt ②
089 231 890
hotel-olympic.de

Im Olympic mischen sich Eleganz und Altmodisches auf wundervolle Weise. Das Hotel liegt mitten im hippen Glockenbachviertel zwischen Gärtnerplatz und Sendlinger Tor mit seinen Clubs, Restaurants und Bars – ein der tollsten Ecken Münchens. Trotzdem schläft man gut – die meisten Zimmer gehen zum ruhigen Hinterhof. Highlights wie Viktualienmarkt und Deutsches Museum sind nur einen kleinen Spaziergang entfernt.

415 BOLD HOTEL

Lindwurmstraße 70a
Sendling ⑥
089 200 015 922 44
bold-hotels.com

Urbaner Schick, schönes Design, einige Räume verfügen über Kitchenette, Balkon oder Terrasse. Hay and Bloomingville haben die Möbel in diesem stylischen Hotel designt. Eine großartige Adresse für alle Designfans und ein toller Ausgangspunkt, um das alte Sendling zu erkunden. Sehr gutes Preis-Leistungs-Verhältnis, großes Zimmerangebot.

5

HIPPE *Hotels*

416 **THE FLUSHING MEADOWS HOTEL & BAR**

Fraunhoferstraße 32
Isarvorstadt ②
089 552 791 70
flushingmeadows hotel.com

Mitten in der trubeligen Isarvorstadt – und trotzdem nicht leicht zu finden! Das von außen unscheinbare Flushing Meadows ist in den obersten zwei Stockwerken eines Gewerbebaus untergebracht. Aber innen! Die elf individuell designten Zimmer sind absolut überwältigend! Bei der Gestaltung arbeiteten Münchner Persönlichkeiten mit: Musiker, Surfer, DJs, Regisseure, Barmixer … Im obersten Stock liegen die fünf Penthouse Studios und die Bar (nicht nur für Hotelgäste).

417 **25HOURS HOTEL THE ROYAL BAVARIAN**

Bahnhofplatz 1
Altstadt-Lehel ①
089 904 001 255
25hours-hotels.com

Direkt am Hauptbahnhof gelegenes Hotel in einem ehemaligen Postgebäude. Münchens erstes 25hours Design-Hotel bietet hier 165 Zimmer in fünf Kategorien an. Die Inneneinrichtung nimmt charmant Bezug auf die königliche Vergangenheit Bayerns. Wissenswertes: Das Hotel verleiht kostenlos Fahrräder. Und sie haben ein Faible für gutes Essen: Das können Sie bei einem Besuch des Hotelrestaurants Neni selbst testen (Hidden Secret 6).

418 COCOONSTACHUS

Adolf-Kolping-Straße 11
Altstadt-Lehel ①
089 599 939 02
cocoon-hotels.de

Wenn Sie das Retrodesign der Siebzigerjahre lieben, dann übernachten Sie in einem der drei Cocoon-Hotels, die Retroatmosphäre mit moderner Ausstattung, zentraler Lage und erschwinglichen Preisen kombinieren. Die Ball Chairs von Eero Aarnio sind echte Hingucker!

419 WERK4

Atelierstraße 18
Berg am Laim
adinahotels.com
wombats-hostels.com
(ab 2020)

Das ehemalige Fabrikgelände der Pfanni-Werke verwandelt sich gerade in ein modernes und lebendiges Stadtviertel, das sogenannte Werksviertel: Ein absoluter Eyecatcher ist der Kartoffelsilo WERK4, der zu einem 86 m hohen Gebäude umgebaut wird. 2020 eröffnet das stilvolle Adina Apartment Hotel in den oberen Stockwerken, unten zieht das quirlige Wombat's Hostel mit 500 Betten ein.

417 25HOURS HOTEL THE ROYAL BAVARIAN

420 ROOMERS

Landsberger Straße 68
Schwanthalerhöhe ⑥
089 452 20 20
roomers-munich.com

Das Roomers beschreibt sich als einzigartigen Ort mit unbegrenzten Möglichkeiten ... Neben den extravagant eingerichteten 281 Zimmern und Suiten lockt das japanisch-südamerikanisch inspirierte Restaurant Izakaya (Hidden Secrets 9). Moderner Luxus trifft auf urbanen Lifestyle! Fans des Fotografen David LaChapelle werden sich in diesem Hotel ganz besonders wohl fühlen.

422 LUX

5× GUTES PREIS-LEISTUNGS-VERHÄLTNIS

421 **RUBY LILLY HOTEL & BAR**
Dachauer Straße 37
Maxvorstadt ③
089 954 570 820
ruby-hotels.com

Das bekannte Reisemagazim *GEO Saison* hat kürzlich die schönsten Hotels Europas aufgelistet und das Ruby Lilly auf den ersten Platz in der Kategorie »Hotels unter 100 €« gesetzt! Das elegante wie einladend »schlanke« und luxuriöse Design ist der absolute Hit bei allen Städtereisenden. Die coolen Jungs hängen an der Lilly Bar ab, deren Ausstattung von den Filmen *Monaco Franze* und *Kir Royal* inspiriert ist und der Münchner Schickeria der 1980er-Jahre huldigt.

422 **LUX, BAR HOTEL RESTAURANT**
Ledererstraße 13
Altstadt-Lehel ①
089 452 073 00
hotel-lux-muenchen.de

Dieses kleine, trendige Hotel liegt im Herzen der Altstadt und bietet geschmackvoll eingerichtete, moderne Zimmer zu erschwinglichen Preisen. Es gibt keinen Aufzug, zu den Zimmern geht es über eine alte Wendeltreppe. Die Bar im Erdgeschoss serviert sagenhafte, kreative Cocktails und ist bei den Münchnern sehr beliebt.

423 HOTEL MARIANDL

Goethestraße 51
Isarvorstadt ②
089 552 91 00
mariandl.com

Wegen der Nähe zur Theresienwiese und der günstigen Zimmerpreise ist das Hotel bei Oktoberfestbesuchern sehr beliebt. Wenn man hier übernachtet, fühlt man sich wie in einer Zeitmaschine. Das Haus wurde vor über 100 Jahren erbaut und hat sich viel von der Gründerzeit-Atmosphäre bewahren können: Möbel, Antiquitäten, alte Parkettböden, Marmor, Stuckdecken und Kristallleuchter. Kein Fernseher, kein Aufzug. Über dem Café am Beethovenplatz.

424 HOTEL AM VIKTUALIENMARKT

Utzschneiderstraße 14
Altstadt-Lehel ① ②
089 231 10 90
hotel-am-viktualienmarkt.de

Dieses winzige Hotel mit 26 Zimmern ist nur 2 Minuten zu Fuß von Viktualienmarkt und Gärtnerplatz entfernt. Die Zimmerpreise sind inklusive Frühstück – ein gutes Preis-Leistungs-Verhältnis. Und manche Gäste werden sich darüber freuen, dass der neue Birkenstockladen gleich um die Ecke liegt (Reichenbachstraße 8).

425 CREATIF HOTEL ELEPHANT

Lämmerstraße 6
Ludwigsvorstadt ①
089 555 785
creatif-hotel-elephant.de

Hier wird eine moderne Ausstattung mit kreativem Design kombiniert. Das Hotel liegt in der Nähe des Hauptbahnhofs, ein idealer Ausgangspunkt für eine Stadtbesichtigung. Preiswert.

5 *Hotels mit* GESCHICHTE

426 **DEUTSCHE EICHE**
Reichenbach-
straße 13
Isarvorstadt ②
089 231 1660
deutsche-eiche.com

Seit den 1950er-Jahren ist diese Traditionsgaststätte mit Hotel ein Treffpunkt für Künstler, Hedonisten und Homosexuelle, die damals noch strafrechtlich verfolgt wurden. Über die Jahre Heimat einer illustren Szene, zu der Rainer Werner Fassbinder und Freddy Mercury gehörten, ist die Deutsche Eiche auch heute noch ein Leuchtturm der Schwulenszene. Die große Männersauna auf vier Stockwerken ist öffentlich.

427 **EDEN HOTEL WOLFF**
Arnulfstraße 4
Altstadt-Lehel ①
089 551 150
eden-hotel-
wolff.de

Les Clefs d'Or sind das Erkennungszeichen des internationalen Berufsverbands der Hotel-Concierges. Einige Mitglieder arbeiten im Eden Wolff, Sie können die Insignie am Kragen erkennen: zwei goldene, gekreuzte Schlüssel. Das Haus liegt gegenüber vom Hauptbahnhof und kombiniert stylisches Ambiente mit einer 130-jährigen Geschichte. Die Zimmer sind in geschmackvollem, alpin inspiriertem Stil ausgestattet. Viele Stammgäste.

427 **EDEN HOTEL WOLFF**

429 **BAYERISCHER HOF**

428 HOTEL OPERA

Sankt-Anna-Straße 10
Altstadt-Lehel ①
089 210 4940
www.hotel-opera.de

Das wundervolle Stadtpalais liegt zwischen Maximilianstraße und Englischem Garten. Jedes der 25 Zimmer und Suiten ist individuell ausgestattet. Hinter der prächtigen Neorenaissance-Fassade verbirgt sich ein schöner Innenhof, in dem Sie auch frühstücken können, wenn Sie nicht im Hotel wohnen. Der Eisbach – ein beliebtes Ziel für Surfer im Englischen Garten – fließt unter dem Gebäude hindurch.

429 BAYERISCHER HOF

Promenadeplatz 2–6
Altstadt-Lehel ①
089 212 00
www.bayerischerhof.de

Wenn Sie gerne einmal dort übernachten möchten, wo bereits die Reichen und Schönen ihr Haupt gebettet haben, dann ist dieses 5-Sterne-Hotel genau das Richtige! Seit der Eröffnung 1841 haben hier unter anderem Napoleon III, Beyoncé, Franz Kafka, Karl Lagerfeld, Grace Kelly und auch Michael Jackson übernachtet. Gegenüber vom Hoteleingang ist eine inoffizielle Gedenkstätte für Michael Jackson entstanden, hier hinterlegen Fans seit seinem Tod Blumen, Fotos und Kerzen.

430 SPLENDID DOLLMANN

Thierschstraße 49
Altstadt-Lehel ①
089 238 080
splendid-dollmann.de

Dieses reizende, liebevoll mit Antiquitäten und schönen Details ausgestattete Hotel liegt in einem eleganten Stadthaus des 19. Jh. Und ein Riesenplus ist der Garten! Nach dem Zweiten Weltkrieg wohnte der Schriftsteller Erich Kästner hier (damals eine schlichte Pension), sein Zimmer wurde zum Treffpunkt der Münchner Kulturszene der Nachkriegsjahre.

435 FLOSSFAHRTEN AUF DER ISAR

35 AKTIVITÄTEN FÜRS WOCHENENDE

Die 5 tollsten
SPAZIERGÄNGE

431 **SPAZIERGANG ENTLANG DER ISAR**
VOM TIERPARK HELLABRUNN ZUR EINKEHR BEI DER GROSSHESSELOHER BRÜCKE
ca. zwei Stunden

In der Stadtmitte ist an der Isar meist noch viel los, südlich vom Tierpark (U-Bahn-Station) wird es ruhiger. Hier sucht sich der Fluss an vielen Stellen seinen eigenen Lauf, es gibt kleine Buchten und Kiesinseln. Gehen Sie auf der Westseite nach Süden, bis hoch über Ihnen die Großhesseloher Brücke aufragt. Von dort erreichen Sie über einen steilen Pfad entweder das Café Isarfräulein oder den Biergarten der Waldwirtschaft (mit Live-Jazz!). Zurück in die Innenstadt kommen Sie mit der S-Bahn vom 10 Minuten entfernten Isartalbahnhof in Großhesselohe.

432 **AN DER WÜRM ENTLANG ZU SCHLOSS BLUTENBURG**
Ca. 30 Minuten

Außer der Isar fließt auch noch die kleinere Würm durch München. Von Pasing aus (S-Bahn-Station) können Sie schön am Flussufer entlangspazieren. Von der Kaflerstraße (nach Hausnr. 15) biegen Sie nach Norden in den Hermann-Hesse-Weg. Dann folgen Sie dem Wasserlauf, bis Sie das pittoreske Schloss Blutenburg erreichen.

431 SPAZIERGANG ENTLANG DER ISAR

434 SANKT EMMERAMSMÜHLE

433 **ENTDECKUNGSTOUR IM FORSTENRIEDER PARK**

Ca. 1 Stunde

Nehmen Sie die U-Bahn U3 bis Fürstenried West, die Maxhofstraße führt Sie direkt in den Staatsfort Forstenrieder Park. Hier können Sie Wildschweine und Rotwild beobachten und zwischen Blumen und alten Bäumen spazieren gehen. Wenn Sie in den zweiten Weg namens »Link geräumt« links einbiegen, kommen Sie zu einem Waldspielplatz.

434 **VOM NORDTEIL DES ENGLISCHEN GARTENS ZUR SANKT EMMERAMSMÜHLE**

Ca. 1,5 Stunden

Dieser Spaziergang führt Sie durch einen der weltweit größten Stadtparks. Sie starten an der Münchner Freiheit, laufen Richtung Osten zum Kleinhesseloher See und nehmen die Brücke über den Mittleren Ring. Dann immer nach Norden die Isar entlang, an der Holzbrücke über den Fluss und den Schildern zur Emmeramsmühle folgen. Ein wunderbarer Biergarten erwartet Sie! Zurück geht es mit der Straßenbahn.

435 **DIE WILDE ISAR UND DIE TRADITIONELLEN FLÖSSE**

Inkl. Bahnfahrt ca. 3 Stunden

Fahren Sie mit der S-Bahn S7 bis Wolfratshausen (40 Min.). Von dort laufen Sie nach Norden und queren die Loisach auf der Weidacher Hauptstraße. Biegen Sie dann gleich nach rechts ab und folgen dem schönen Uferweg, bis der Fluss in die Isar mündet, die bis nach München weiterfließt. Wenn Sie mutig sind (und im Voraus gebucht haben), können Sie mit dem Floß zurück nach München fahren, das dauert ungefähr 6 Stunden.

5 Ausflüge zu den **SEEN** *in und um München*

436 **AMMERSEE**

Die Seen rund um München sind traumhaft schön und gut mit öffentlichen Verkehrsmitteln oder dem Auto erreichbar. Das Ufer des Ammersees ist fast vollständig zugänglich. Sie können spazieren, schwimmen oder eine Bootsfahrt unternehmen. Oder machen Sie es sich am malerischen Ufer gemütlich oder gehen Sie schwimmen (Riederau und Herrsching), eher ruhig ist es im Park des Künstlerhauses Gasteiger (Holzhausen).

437 **FELDMOCHINGER SEE**

Die meisten Seen im Stadtgebiet eignen sich gut zum Baden. An sonnigen Tagen strömen die Münchner hierher, auf der Südseite ist Grillen erlaubt, Familien gehen gerne auf die Ostseite zum Spielplatz. Gut mit öffentlichen Verkehrsmitteln zu erreichen.

438 **WALCHENSEE**

Inmitten von bewaldeten Bergen leuchtet das Wasser des Walchensees intensiv türkis. Der Wind kann hier oben sehr stark werden – ein wunderbares Gebiet zum Windsurfen und Kitesurfen. Im Dorf Walchensee können Sie im Garten des Café Bucherer relaxen und den besten Kuchen aller Zeiten probieren. Oder Sie fahren mit der Seilbahn auf den Gipfel des Herzogstands.

438 WALCHENSEE

439 CHIEMSEE

Der Chiemsee mit seinem wunderbaren Alpenpanorama im Hintergrund ist Bayerns größter See. Berühmt sind das Schloss auf der Herreninsel und das Benediktinerinnenkloster auf der nahen Fraueninsel. Der dortige Weihnachtsmarkt mit seiner festlichen Beleuchtung verwandelt die Insel in ein romantisches Wintermärchen. Im Sommer können Sie mit dem Zug nach Prien und dann weiter mit der Schmalspurbahn (seit 1887 in Betrieb!) zur Schiffsanlegestelle fahren. Am Bahnhof gibt es ermäßigte Tickets.

440 STARNBERGER SEE

Man braucht ungefähr eine halbe Stunde zum Starnberger See. Mit der S-Bahn erreichen Sie viele der schönen Badestellen. Steigen Sie in Possenhofen aus, das »Paradies« ist nur wenige Gehminuten entfernt. Der Park am Seeufer gehörte zum ehemaligen »Sisi-Schloss«. Viele Bademöglichkeiten, Spielplätze und eine schöne Atmosphäre. Der Eintritt ist frei.

5 *interessante Orte*
RUND UM MÜNCHEN

441 **PULLACH**

Pullach ist sehr gut mit der S-Bahn erreichbar. Die Gemeinde liegt am Hochufer der Isar, gehen Sie in den Gasthof Rabenwirt oder das Treibhaus für einen spektakulären Ausblick. Der Kirchplatz vor den beiden Restaurants ist unglaublich malerisch. Werfen Sie einen Blick in die spätgotische Kirche und genießen Sie ein Eis. Pullach ist auch überregional bekannt, weil bis 2018 der Bundesnachrichtendienst hier seinen Sitz hatte.

442 **MURNAU**

Berge, Staffelsee und die Spuren des Blauen Reiter überall. Eine pittoreske Marktgemeinde ohne jegliche Bayern-Kitsch-Gefahr. Von der Fußgängerzone mit den malerischen Häusern haben Sie einen wunderbaren Blick auf die Berge, besonders auf die Zugspitze. In der Gelateria Gabrielli (Untermarkt 9) gibt es leckeres Eis. Wenn Sie übernachten möchten, probieren Sie das Gästehaus am Schloss aus. Für Pferdefans ist das Staatsgestüt Schwaiganger in der Nähe.

443 **DACHAU**

München hat das Schicksal Dachaus über viele Jahrhunderte hinweg bestimmt. Erkunden Sie ganz Dachau mit einem Besuch der KZ-Gedenkstätte und der historischen Innenstadt. Von der Terrasse des Rathauses und dem Hofgarten des Schlosses Dachau können Sie einen Panoramablick auf München genießen.

444 **SCHLEISSHEIM**

Besichtigen Sie das Schloss Schleißheim! Es sind nur zwanzig Minuten Fahrt mit dem Auto oder den öffentlichen Verkehrsmitteln, aber es ist, als ob man eine Zeitreise in die Vergangenheit unternommen hätte. Genießen Sie die Ruhe, vielleicht spazieren Sie ganz alleine durch die Alleen der ehemaligen königlichen Gartenanlagen. Streifen Sie durch das Schloss und die Gärten und probieren Sie die wunderbaren Kuchen im Schlosscafé oder dem Café zum Schloss.

445 **FREISING**

Eine der ältesten Städte Bayerns, die Geschichte des Doms reicht bis ins Jahr 715 zurück. Über viele Jahrhunderte hinweg war Freising das spirituelle und kulturelle Zentrum Bayerns, die herausragendsten Künstler und Baumeister haben hier gewirkt. Die entspannte Universitätsstadt bietet eine charmante Mischung aus Alt und Neu.

5

WELLNESS-OASEN

446 **SO SPA (SOFITEL)**
Bayerstraße 12
Ludwigsvorstadt ②
089 599 482 981
sofitel-munich.com/de/so-spa/

Spiralförmiges Bad, Dampfbad, Sauna, Ruheräume mit schönen Fliesen, dazu eine Auswahl an Massagen und Beautyanwendungen – das Spa von Sofitel in der Bayerpost erfüllt alle Ihre Wünsche, wenn Sie sich entspannen wollen. Nicht nur für Hotelgäste (nach Voranmeldung).

447 **SAUNA IM WESTBAD**
Weinbergerstraße 11
Pasing
089 236 150 50
swm.de

Entspannen Sie im Whirlpool und im Dampfbad oder genießen Sie die beiden Saunalandschaften unter der großen Glaskuppel des städtischen Familienbades. Auf der Freiluftterrasse gibt es ein Tauchbecken. Sauna und Schwimmen sind im Eintrittspreis inbegriffen.

448 **MÜLLER'SCHES VOLKSBAD**
Rosenheimer Straße 1
Au-Haidhausen ⑤
089 236 150 50
swm.de

Der prächtige, barockisierende Jugendstilbau ist atemberaubend. Das Volksbad wurde 1901 eröffnet und fast alle historischen Details haben sich erhalten. Highlights sind das römisch-irische Schwitzbad mit verschieden temperierten Räumen und die finnische Sauna.

449 **EMOTION SPA**
LE MÉRIDIEN MÜNCHEN
Bayerstraße 41
Ludwigsvorstadt ②
089 242 225 50
*muenchen.
emotionspa.de*

Dieses Spa ist Teil des Hotels Méridien. Genießen Sie die Sauna oder eine Massage und kehren entspannt und erfrischt auf die belebte Bayerstraße zurück. Für externe Gäste sind Tageskarten erhältlich. Sie können das gesamte Spa auch für eine Nacht mieten, nur für sich und Ihren Partner!

450 **FACE & BODY DAY SPA**
Romanstraße 39
Neuhausen-Nymphenburg ⑦
089 171 802
dayspa.faceandbody.de

Ein Ort mit hellen, freundlichen Behandlungsräumen, darunter ein Zen-Garten, in dem Sie abschalten und entspannen können. Das Spa wurde schon mehrfach als eines der besten Day-Spas Europas ausgezeichnet. Wählen Sie aus einem umfangreichen Behandlungsspektrum.

448 MÜLLER'SCHES VOLKSBAD

5 Orte für
SPORT UND FITNESS

451 **FIT IM PARK**
muenchen.de/freizeit/sport/gymnastik-im-park.html

In den Sommermonaten bietet die Stadt München bei schönem Wetter ein kostenloses Sportprogramm in vier Münchner Parks an. Jeder kann mittrainieren! Einfach Handtuch oder Matte mitbringen. Neben traditionellen Fitnessübungen, gibt es auch Yoga und Pilates.

452 **BEACHARENA**
Föhringer Ring 5
Schwabing ④
089 322 101 00
beacharena.com

Hier können Sie (Beach)Volleyball, Beachsoccer oder Tennis spielen. Verbringen Sie ein wenig Zeit mit anderen Sportbegeisterten, Sonnenanbetern und Palmen, die Füße im Sand. Auch für das leibliche Wohl ist gesorgt. Am Wochenenden und an Feiertagen kann man als Gruppe oder alleine einfach so vorbeischauen. Die passenden Mannschaftskollegen auf jedem Leistungsniveau findet man beim »Come Together«. Nur im Sommer geöffnet!

453 LEDERHOSEN-TRAINING

ENGLISCHER GARTEN

Schönfeldwiese beim Japanischen Teehaus
Altstadt-Lehel ①
lederhosentraining.com

Das Lederhosentraining ist ein Functional Training ohne Geräte, offen für jedes Alter und alle Fitnesslevel. Von April bis September treffen sich montags um 19 Uhr bis zu 1000 Begeisterte zu Münchens größtem, regelmäßigen Outdoor-Training. Das Training dauert ca. eine Stunde und ist kostenlos. Und nein – man muss keine Lederhose tragen!

454 AMIENA'S WERKSTATT

Müllerstraße 33/ Hinterhaus oder Maistraße 45
Isarvorstadt ②
089 517 176 40

Yoga, Pilates und Faszien in der Müllerstraße, Barre-Workout, Cross Functional & Mami-Baby-Kurse in der Maistraße. Schöne Räumlichkeiten mit guter Betreuung. Offene Kurse, keine Anmeldung nötig.

455 OLYMPIA-SCHWIMMHALLE

Coubertinplatz 1
Schwabing ④
089 236 150 50
swm.de

Ziehen Sie Ihre Bahnen dort, wo sämtliche Schwimm- und Sprungwettbewerbe der Olympischen Sommerspiele 1972 ausgetragen wurden. Das Sportbecken ist 50 Meter lang. Außerdem gibt es noch eine Sauna (Eintritt extra) und einen Sprungturm. Nach den vielen Jahren immer noch ein beeindruckender Bau!

5 tolle Unternehmungen
IN DEN BERGEN

FÜR ALLE WANDERUNGEN GILT: ZUSÄTZLICHE INFORMATIONEN EINHOLEN UND MIT RICHTIGER AUSRÜSTUNG STARTEN, GEFÄHRDEN SIE SICH NICHT!

456 ASCHAU KAMPENWAND

Mit der Kampenwandbahn können Sie ganz entspannt auf fast 1500 m hochfahren. Schon während der Fahrt haben Sie eine herrliche Aussicht, die Gondel schwebt an imposanten Felsformationen vorbei. Vom Gipfel öffnet sich ein fantastischer Blick auf die umliegenden Berge. Fahren Sie mit dem Zug nach Aschau und dann mit dem Bus zur Kampenwandbahn.

457 NATIONALPARK-ZENTRUM – HAUS DER BERGE

Hanielstraße 7
Berchtesgaden
08652 979 06 00
www.haus-der-berge.bayern.de

Natur mit allen Sinnen erleben – das ist das Motto im Berchtesgadener Nationalparkzentrum Haus der Berge. Neben dem Informations- und Veranstaltungszentrum im Haus, gibt es draußen einen Panoramaweg und ein Naturerlebnisgelände mit Wanderwegen, Wassergelände, Kräuter- und Gemüsegarten.

458 HÖRNLE UNTERAMMERGAU

Jeder der drei Hörnle-Gipfel ist um die 1500 m hoch. Von Unterammergau (Wanderparkplatz unterhalb der Kirche Kappel) geht es auf einfachen Wanderwegen ungefähr 600 Höhenmeter hinauf. Man schafft nicht nur drei Gipfel in nur einer Tour, sondern wird zusätzlich mit einem fantastischen Blick auf die bayerischen Berge und die umliegenden Berggipfel belohnt. In der Hörnlehütte können Sie sich bei einer Rast mit guter regionaler Küche verköstigen.

459 VON SCHLIERSEE NACH TEGERNSEE

Nehmen Sie die Bayerische Oberlandbahn Richtung Schliersee (beim Einsteigen auf den richtigen Zugabschnitt achten), ein Dorf am gleichnamigen See. Von Schliersee geht es Richtung Kreuzbergalm mit einem wundervollen Blick auf den See. Wandern Sie weiter Richtung Gindelalmschneid und Gindelalm und auf gleicher Höhe bis zur Neureuther Hütte. Hier geht es wieder bergab, folgen Sie dem Weg nach Lieberhof und Tegernsee, einem weiteren See mit gleichnamigem Ort. Von dort aus können Sie die BOB-Bahn zurück nach München nehmen. Oder Sie fahren eine Stunde später und kehren noch in das berühmte Bräustüberl im ehemaligen Kloster Tegernsee ein.

460 PARTNACHKLAMM – GARMISCH PARTENKIRCHEN

Die Partnach hat hier eine bis zu 80 m tiefe Klamm in den Felsen geschnitten. Eine Wanderung durch diese Schlucht ist unglaublich eindrucksvoll! Folgen Sie dem Weg (Eintritt 5 Euro) durch Tunnel und über fantastische Felsvorsprünge entlang der Wildwasserschlucht. Sehr imposant, besonders im Winter. Wenn es kalt genug ist, hängen Eiszapfen wie Vorhänge von den Felswänden. Mit ein wenig Glück kann man sogar Eiskletterer sehen. Nicht vergessen: Warme Kleidung (auch im Sommer), gutes Schuhwerk (rutschig) und eine Regenjacke, da von überall Wasser heruntertropft.

5 *faszinierende*

ARCHITEKTUR-TOUREN

461 **GEBÄUDE 0505**
TECHNISCHE UNIVERSITÄT MÜNCHEN
Luisenstraße 55/
Ecke Theresienstraße
Maxvorstadt ①

Das Gebäude Nummer 0505 der Technischen Universität München wurde 1963 nach Plänen von Franz Hart gebaut, der für München mehrere prägende Bauten entworfen hat. Der Institutsbau war mit den Jahren ziemlich heruntergekommen. Die Architekten Hild and K entwickelten das Sanierungskonzept: Außen umhüllt eine Ziegelhaut den Hartbau, innen wurden Ausbauten entfernt und die Struktur des Gebäudes – Stahlbeton – sichtbar gemacht. Gehen Sie um das Gebäude herum und schleichen Sie sich auf den angrenzenden Campus.

462 **WERKSVIERTEL MITTE**
Atelierstraße 4
Au-Haidhausen ⑤
werksviertel-mitte.de

Früher einmal wurden hier die Kartoffelknödel von Pfanni produziert, zwischendurch war das Areal ein beliebtes Ausgehviertel und heute wird hier ein ganz neuer Stadtteil entwickelt, zu dem auch Kunst- und Kulturstätten gehören werden. Der Charme der bestehenden Industriearchitektur steht in schönem Kontrast zu den modernen Neubauten.

463 **TRAM 23**
Münchner Freiheit
Schwabing ④

Die Straßenbahnlinie 23 ist perfekt, um mehrere Stadtentwicklungsprojekte zu erkunden. Die Strecke führt durch vier neue Stadtteile, die in den letzten Jahren neu gebaut oder grundlegend verändert wurden. Darunter sind beispielsweise die Wolkenkratzer am Münchner Tor und alternative Bauvorhaben im Domagkpark. Die Fahrtzeit von der Münchner Freiheit beträgt nur neun Minuten.

464 **PASINGER VILLENKOLONIEN**
August-Exter-Straße
Pasing ⑦

Die Entwicklung Münchens wurde oft von Investoren beeinflusst, die ganze Stadtteile auf einmal planten. Vor über 100 Jahren entstanden die Pasinger Villenkolonien, die heute als Ensembles vollständig unter Denkmalschutz stehen. Im schön begrünten Viertel kann man viele verschiedene Baustile besichtigen, ein guter Ausgangspunkt ist die August-Exter-Straße.

465 **ARCHITEKTOUREN**
Bayerische Architektenkammer
089 139 880 0
byak.de/planen-und-bauen/architektur-baukultur/architektouren.html

Eine einzigartige Gelegenheit für alle Architekturinteressierten! Jedes Jahr im Juni können kürzlich fertiggestellte Projekte in den Sparten Architektur, Landschaft, Innenarchitektur und Stadtplanung in München und ganz Bayern besichtigt werden. Architekten und ihre Auftraggeber öffnen interessierten Besuchern die Türen und informieren vor Ort über ihre Projekte.

465 ARCHITEKTOUREN HYPO-HOCHHAUS

289 **DAS GRAB VON SOPHIE SCHOLL – FRIEDHOF AM PERLACHER FORST**

35 WISSENSWERTE DINGE UND UNNÜTZE DETAILS

5

FILME

über München

466 KEEP SURFING
2009

Neben einigen haarsträubenden Aufnahmen der Eisbachsurfer zeigt dieser Film das ungewöhnliche Leben seiner Protagonisten. *Keep Surfing* beweist, dass München mehr zu bieten hat als nur geldige Biertrinker und Breznfans. Der Filmer Björn Richie Lob taucht tief in das anarchistische Herz der Stadt ein und entdeckt dabei einen abenteuerlichen und unkonventionellen Haufen von Fluss-Surfern.

467 SOPHIE SCHOLL – DIE LETZTEN TAGE
2005

Ein beeindruckendes Geschichtsdrama. Der Film wurde auf der Berlinale 2005 mit dem Silbernen Bären für die beste Regie (Marc Rothemund) und für die beste Schauspielerin (Julia Jentsch) ausgezeichnet und zudem für einen Oscar in der Kategorie Bester fremdsprachiger Film nominiert.

468 ANGST ESSEN SEELE AUF

1974

Berühmter Film von Rainer Werner Fassbinder, der von der Beziehung zwischen der deutschen Putzfrau Emmi und dem marokkanischen Gastarbeiter Ali erzählt. Ein sensibles Porträt über die Verachtung von Minderheiten und die Mechanismen der gesellschaftlichen Unterdrückung in der BRD. Gedreht in München.

469 VISIONS OF EIGHT (MÜNCHEN 1972 – 8 BERÜHMTE REGISSEURE SEHEN DIE SPIELE DER XX. OLYMPIADE)

1973

Miloš Forman, Juri Nikolajewitsch Oserow, Mai Zetterling, Arthur Penn, Michael Pfleghar, Kon Ichikawa, Claude Lelouch und John Schlesinger wurden gebeten, eine Filmsequenz über einen Aspekt der Olympischen Spiele 1972 zu drehen, der ihnen wichtig erschien. Jeder Regisseur steuerte einen 15-minütigen Abschnitt bei, der die Atmosphäre der Spiele einfängt.

470 MUNICH (MÜNCHEN)

2005

Der Film von Steven Spielberg basiert auf der wahren Geschichte der israelischen Vergeltung für das Massaker von München bei den Olympischen Spielen 1972 und mischt Fakten mit Fiktion. Das Ergebnis ist ein spannender Politthriller, der wegen seiner »moralischen Ambiguität« kritisiert wurde.

5
BÜCHER,
in denen sich alles um München dreht

471 **DIE BÜCHERDIEBIN**
Markus Zusak, 2005

Das Buch spielt im fiktiven Dorf Molching bei München vor und während des Zweiten Weltkrieges. Hauptfigur ist ein mutiges Mädchen namens Liesel, das gerade lesen lernt. Sie entkommt der grausamen Realität des Krieges durch die Kraft der Sprache und des geschriebenen Wortes.

472 **GLADIUS DEI**
Thomas Mann, 1902

Die Novelle mit dem berühmten Eröffnungszitat »München leuchtete« spielt an einem strahlenden Junitag in München im Jahr 1902. Thomas Mann kritisiert darin die antimoderne Kunstszene seiner Zeit, den Historismus, und besonders die in München vorherrschende Verehrung der Renaissance.

473 ERFOLG
Lion Feuchtwanger, 1930

Ein literarisches Porträt Bayerns nach dem Ersten Weltkrieg. Viele der Figuren sind von realen Personen inspiriert. Feuchtwanger erzählt die fiktive Geschichte eines Kunsthistorikers und Museumsleiters, der ziemlich unbeliebt ist, weil er moderne und umstrittene Kunstwerke kauft und in seinem staatlichen Museum ausstellt.

474 DAS PARFUM
Patrick Süskind, 1985

Eine internationale Sensation und einer der berühmtesten deutschsprachigen Romane des 20. Jh. Interessanterweise kennt fast niemand den Autor, der (überwiegend) in München lebt. Süskind tritt nicht öffentlich auf, er verweigert Auszeichnungen und gibt keine Interviews. Er war nicht einmal bei der Filmpremiere der Romanverfilmung dabei. Man weiß nie – vielleicht ist er der Mann, der im Café neben Ihnen sitzt?

475 DAS DOPPELTE LOTTCHEN
Erich Kästner, 1949

Dieses Kinderbuch hat Erich Kästner in München geschrieben. Es hebt sich von seinen anderen Werken durch die für ihre Zeit ziemlich ungewöhnlichen Charaktere ab. Die Zwillinge sind Mädchen (und keine Jungen), haben eine ziemlich moderne, alleinerziehende Mutter, und der Vater wird für das – vorläufige – Scheitern der Ehe verantwortlich gemacht.

5 Orte des GEBETS

476 SERVITINNEN
Herzogspitalstraße 9
Altstadt-Lehel ①
serviten.de/servitinnen_muenchen/anbetung.html

Das Servitinnenkloster liegt versteckt im Herzen der Altstadt. Seit 1721 beten die katholischen Servitinnen mit Unterstützung von Laien Tag und Nacht. Die Kirche ist für Besucher geöffnet, nach der Messe verkaufen die Nonnen im Laden selbst gemachte Kerzen.

477 OST-WEST-FRIEDENSKIRCHE
Spiridon-Louis Ring 100
Milbertshofen ④
ost-west-friedenskirche.de

In den 1950er-Jahren kam Väterchen Timofej, inspiriert von einer Marienerscheinung, nach München und baute aus Kriegsschutt eine Kirche. Obwohl offiziell keine Kirche, ist hier ein spiritueller Ort entstanden, an dem man einmal durchatmen und zur Ruhe kommen kann.

478 HERZ-JESU-KIRCHE
Lachnerstraße 8
Neuhausen-Nymphenburg ⑦
erzbistum-muenchen.de/Pfarrei/Herz-Jesu-Muenchen

Münchens spektakulärster Kirchenbau der letzten zwanzig Jahre. Die katholische Kirche wird aus zwei Hüllen gebildet, innen ein Holz-, außen ein Glaskubus. Der schlichte, lichtdurchflutete Raum schafft eine Verbindung von innen und außen. Die Fassade ist gleichzeitig ein Portal, das sich zum Platz hin öffnen lässt.

479 **OHEL-JAKOB-SYNAGOGE**
Sankt-Jakobs-Platz 18
Altstadt-Lehel ①
089 202 400 100
ikg-m.de/juedisches-zentrum/synagogenfuhrungen/

2006 wurde Münchens neue Hauptsynagoge eingeweit. Der spektakuläre Sakralbau im Stadtzentrum kann nur mit einer Führung besichtigt werden, für die Sie sich mindestens zehn Tage im Voraus anmelden müssen. Erfahren Sie mehr zur Geschichte der jüdischen Gemeinde in München, Architektur der Synagoge und den dort stattfindenden Gottesdienste.

480 **FREIMANN-MOSCHEE**
Wallnerstraße 1-5
Fröttmaning
089 325 061

In München gibt es viel zu wenig Moscheen. Die erste bayerische Moschee wurde 1973, am Rande der Stadt nahe der städtischen Kläranlage, eröffnet. Gutes Beispiel für 1970er-Jahre-Architektur und würdiger Gebetsort.

476 SERVITINNEN

5 nützliche WEBSITES & APPS

481 **APP FÜR DEN NYMPHENBURGER SCHLOSSPARK**
schloss-nymphenburg.de/deutsch/park/app.htm

Diese exzellente App ist Ihr perfekter Begleiter bei einem Parkbesuch, mit vielen Informationen zur Geschichte, Tondokumenten, Bildern und Filmen. Sie können Tourenvorschlägen folgen, damit Sie sich nicht verlaufen, und für Kinder (aber nicht nur für Kinder) sind auch Spiele mit dabei.

482 **MUCBOOK**
mucbook.com

Das Mucbook ist ein liebevoll geführter Blog, der alles beschreibt, was in München passiert. Junge Locals geben Tipps zu Kunst, Kultur, aktuellen Veranstaltungen und vielem mehr.

483 **IN MÜNCHEN**
in-münchen.de

Eine Homepage, die alles über Konzerte, Theater, Ausstellungen und Kinos bereitstellt. Der ausführliche Kalender zeigt alle Veranstaltungen in und um München – egal, ob schon heute oder erst in ein paar Wochen.

484 ISARNETZ

www.isarnetz.de

Das Isarnetz bietet Raum für die unterschiedlichsten Gruppen: Unternehmer, Kreative, Blogger, Erfinder, Designer, Startup-Gründer und viele mehr bringt das Netzwerk zusammen - online und in Realität. Ein Austausch für Interessierte und Aktive.

485 SPIELPLÄTZE

spielplatz-muenchen.de

Wenn Sie mit Kindern unterwegs sind, dann werden Sie froh über diese Website sein, die Sie zum nächsten Spielplatz führt. Sie können die über 750 Ergebnisse nach Alter und Ausstattung filtern. Auch für die Großen ist die App eine Hilfe, denn hier werden auch die Fitnessparcours für Erwachsene aufgelistet.

5 Hinweise zum

ÖFFENTLICHEN NAHVERKEHR

486 **INNENRAUM-TICKET**
mvv-muenchen.de

Die meisten Sehenswürdigkeiten liegen innerhalb der Tarifzone »Innenraum« (weißes Feld auf den Übersichtskarten). Bei mehreren Fahrten lohnt sich die »Single-Tageskarte Innenraum« oder für bis zu fünf Personen die »Gruppen-Tageskarte Innenraum«, jeweils für einen Tag oder drei Tage erhältlich. Fahrkartenautomaten an den Haltestellen und weitere Verkaufsstellen wie Kioske. Handyticket mit der MVV-App.

487 **FAHRKARTEN-AUTOMATEN**
mvv-muenchen.de
bahn.de

Warum hat München so viele verschiedene Ticketsysteme und rote und blaue Automaten? Rot, weil die S-Bahn zur Deutschen Bahn gehört, und blau, weil U-Bahnen, Busse und Tram von der Stadt betrieben werden (MVV). Keine Sorge, die Tickets werden gegenseitig anerkannt, ein an der U-Bahn-Station gekauftes Ticket gilt auch für die S-Bahn, solange die Tarifzone stimmt.

488 NACHTLINIEN

Egal, wo in der Stadt Sie unterwegs sind, ob Sie in eine Bar oder einen Club, ins Theater oder ins Kino gehen: Die »Nachtlinien«, spezielle Bus- und Tramlinien, fahren durch große Teile der Stadt und bringen Sie die ganze Nacht sicher wieder nach Hause. Alle halten am zentralen Karlsplatz (Stachus): an Wochentagen stündlich, am Wochenende halbstündlich. Fragen Sie den Fahrer, wenn Sie nicht wissen, welche Linie Sie am besten nehmen sollen.

489 FAHRRAD-TAGESKARTE

Wenn Sie ein Fahrrad mit in die U- oder S-Bahn nehmen möchten (nicht möglich in Tram oder Bus), dann müssen Sie eine Fahrrad-Tageskarte für drei Euro lösen. Sperrzeiten beachten: Wochentags zwischen 6 und 9 sowie 16 und 18 Uhr ist keine Mitnahme möglich (gilt nicht an Feiertagen und in den Schulferien).

490 BUS X98

An Wochenenden und Feiertagen fährt der Schnellbus X98 direkt vom Hauptbahnhof zum Flamingoeingang des Tierparks Hellabrunn. Sehr schnell und bequem! Dieser Nebeneingang ist auch bei den Einheimischen beliebt.

5 Tipps für
BMW-FANS

491 **BMW GROUP WERKFÜHRUNG**
Petuelring 130
Milbertshofen ④
089 125 016 001
bmw-welt.com/de/experience/guided_tours.html

Wow! Sie können tatsächlich das Stammwerk von BMW besichtigen! Hier erhalten Sie spannende Einblick in alle Produktionsbereiche – vom Presswerk bis zur Montage. Die Tour dauert ca. 2½ Stunden (nicht an Wochenenden, Brücken- und Feiertagen). Buchen Sie am besten frühzeitig.

492 **BMW GROUP CLASSIC FÜHRUNG**
Moosacher Straße 6
Milbertshofen ④
089 125 016 001
bmwgroup-classic.com/de/building.html

In einer der ersten Produktionshallen von BMW können Sie die historische Fahrzeugsammlung, das Archiv, das Classic Center und die historische Werkstatt besichtigen – alle an einem Ort. Im Café Mo 66 gibt es Snacks und Mittagessen.

493 **NACHT DER WEISSEN HANDSCHUHE**
BMW MUSEUM
Am Olympiapark 2
Milbertshofen ④
bmw-welt.com/de/locations/museum.html

Einmal im Jahr, während der »Nacht der weißen Handschuhe«, dürfen Automobilfans im BMW Museum mit weißen Baumwollhandschuhen ausgestattet endlich das tun, was sonst streng verboten ist: Autos streicheln! Erleben Sie die Geschichte von BMW hautnah.

494 DRIVENOW

drive-now.com/de/de

Wenn Sie mit einem BMW oder Mini durch München fahren wollen, dann geht das am einfachsten mit »DriveNow«, dem Carsharing-Programm von BMW. Melden Sie sich im Voraus an, idealerweise ein paar Tage, bevor Sie losdüsen wollen. Auf der Website der Firma finden Sie weitere Informationen.

495 BMW PAVILLON

Lenbachplatz 7a
Altstadt-Lehel ①
089 382 179 00
bmw.de/de/topics/faszination-bmw/bmw-erleben/bmw-lenbachplatz.html

Der denkmalgeschützte BMW-Schauraum wurde in den Fünfzigerjahren von Sep Ruf und Theo Pabst erbaut. Inzwischen an moderne Bedürfnisse angepasst, finden dort Wechselausstellungen und Veranstaltungen statt. Sie können sich auch hier für DriveNow registrieren. Täglich geöffnet.

5

EINZIGARTIGE
Dinge in München

496 **EINE FAHRT MIT DEM PATERNOSTER**
Blumenstraße 28b
Altstadt-Lehel ②

Münchens ältestes Hochhaus – ein 1929 erbautes Backsteingebäude mit 12 Stockwerken – verfügt über einen Paternosterlift, der noch heute in Betrieb ist. Die Fahrt mit einem Tempo von 0,28 m pro Sekunde ist wirklich spannend! In dem öffentlich zugänglichen Gebäude ist das Stadtplanungsamt untergebracht, zu den üblichen Büroöffnungszeiten können Sie jederzeit Lift fahren.

497 **COWBOY CLUB**
Zentralländstraße 37
Thalkirchen ⑥
cowboyclub.de

1913 gründeten drei Handwerker den Cowboy Club München: Eigentlich wären sie gerne in die USA ausgewandert, hatten aber nicht genug Geld dafür. Hier lebten sie ihren amerikanischen Traum, trafen sich mit Gleichgesinnten und gründeten eine Ranch. 1963 zog der Club in die neuen Räumlichkeiten mit Saloon, Pferden und Tipis um. Sie können die Anlage bei Veranstaltungen wie dem jährlichen Tag der offenen Tür besuchen.

498 **ANATOMISCHE SCHAUSAMMLUNG**
LMU MÜNCHEN
Pettenkoferstraße 11
Ludwigsvorstadt ②
uni-muenchen.de/einrichtungen/sammlungen/anatomische/index.html

Die Sammlung der Anatomischen Anstalt ist in einem architektonischen Kleinod untergebracht. Obwohl die Anstalt zur Universität gehört, ist die Schausammlung für Nichtstudenten montags von 11 bis 16 Uhr geöffnet. Hier sehen Sie Skelette, historische Präparate und Modelle sowie moderne anatomierelevante Schaustücke.

499 **ARCHIV GEIGER**
Muttenthalerstraße 26
Solln
089 727 796 53
archiv-geiger.de

Am südlichen Stadtrand befindet sich das ehemalige Atelier des Künstlers Rupprecht Geiger, der große Werke für den öffentlichen Raum geschaffen hat. Bekannt ist er vor allem für seine Malereien geometrischer Formen in Rottönen. Das öffentlich zugängliche Atelier ist sehr beeindruckend.

500 **REPTILIEN-AUFFANGSTATION**
Kaulbachstraße 37
Schwabing ③
089 218 050 30
reptilienauffangstation.de

Der Verein kümmert sich um Reptilien, die von ihren Besitzern ausgesetzt oder von der Polizei bzw. dem Zoll beschlagnahmt wurden. Die Station nimmt verschiedenste Tiere auf, darunter Giftschlangen und Kaimane. Sie können an einer Führung teilnehmen (im Voraus buchen). Kein schickes Show-Terrarium, sondern ein Einblick in eine möglichst artgerechte Haltung verschiedener Arten.

REGISTER

IMPRESSUM

DEUTSCHE AUSGABE © 2019 BRUCKMANN VERLAG GMBH, MÜNCHEN

AUTORIN – Judith Lohse

FOTOS – Simone Schirmer

COVERFOTO – Futuro House, Matti Suuronen, 1968 (Teil von Die Neue Sammlung – The Design Museum); temporäre Aufstellung im Pinakothekenviertel, im Hintergrund die Alte Pinakothek

LAYOUT – Joke Gossé

DEUTSCHE ÜBERSETZUNG UND SATZ – Sabine Tönnies

PROJEKTLEITUNG – Annika Wachter

LEKTORAT – Sabine Tönnies, Stefanie Adam

KORREKTORAT – Christiane Gsänger

HERSTELLUNG – Alexander Knoll

© 2018, Luster, Antwerpen
Printed in Slovenia by Florjancic
ISBN 978-3-7343-1479-7
www.the500hiddensecrets.com

Sind Sie mit diesem Titel zufrieden? Dann würden wir uns über Ihre Weiterempfehlung freuen. Erzählen Sie es im Freundeskreis, berichten Sie Ihrem Buchhändler oder bewerten Sie bei Onlinekauf. Und wenn Sie Kritik, Korrekturen, Aktualisierungen haben, freuen wir uns über Ihre Nachricht an: Bruckmann Verlag, Postfach 40 02 09, D-80702 München, oder per E-Mail an: lektorat@verlagshaus.de.

Unser komplettes Buchprogramm finden Sie unter 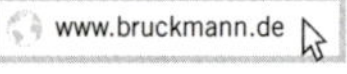

Die Deutsche Nationalbibliothek verzeichnet diese Publikation in der Deutschen Nationalbibliografie; detaillierte bibliografische Daten sind im Internet über http://dnb.d-nb.de abrufbar.